LES 100 PLUS BELLES PRIÈRES DU MONDE

choisies et présentées par
Alfia Chafigoulina

LES
100
PLUS BELLES PRIÈRES DU MONDE

choisies et présentées par
Alfia Chafigoulina

CALMANN-LÉVY

ISBN 2-7021-3054-2

« De quelque façon qu'on
T'appelle,
Brahma, Jupiter ou Jésus,
Vérité, Justice éternelle,
Vers Toi tous les bras sont
tendus. »

Alfred DE MUSSET

« Le monde tient grâce à
la prière.
Si la prière cessait, le
monde périrait. »

Staretz SILOUANE

« L'Esprit souffle où il
veut. »

ÉVANGILE SELON SAINT JEAN
(III, 8)

PRÉFACE

Les oiseaux volent, les poissons nagent et l'homme prie.

LES PÈRES DE L'ÉGLISE

Ce trésor véritable qu'est la communication de l'homme avec Dieu, incarnée dans la prière, restera sans doute à jamais un mystère dérobé au regard d'autrui. Toute prière s'accomplit dans le « moi » profond qui comparaît devant le Très-Haut et que Lui seul peut connaître et reconnaître. Mais bien qu'elle transcende par essence la parole humaine, c'est justement cette prière-là, née de la méditation silencieuse et du recueillement, que les grands hommes de prière ont considérée à juste titre, quelle que fût leur religion, comme la base et le sommet de la communion avec Dieu, comme la seule prière authentique.

Le fait est que l'homme a toujours cherché à exprimer en mots jusqu'aux vérités qui, lui étant révélées, semblaient échapper au langage articulé. Et pour cette raison même, nous sommes en mesure d'approcher le grand secret d'une telle communication privilégiée avec Dieu. L'histoire des religions nous a légué bon nombre de textes de prières, non pas une centaine, mais cent fois plus encore. Les cent prières recueillies ici sont selon nous les plus belles, mais également celles qui sont proches et accessibles de quiconque ressent la présence de Dieu dans le monde, sans avoir nécessairement l'expérience spirituelle conférée par la pratique de la prière.

« La prière consiste par essence à demeurer en Dieu et à s'unir à Lui ; par son action, elle est affirmation de la paix, réconciliation avec Dieu * *». Ainsi parle saint Jean Climaque, un des maîtres de l'Église chrétienne, qui définissait les degrés de l'ascension spirituelle vers Dieu. Selon Évagre le Pontique, la prière est une « conversation de l'esprit avec Dieu* ** *». La communion, la relation avec Lui est d'autant plus intime et profonde que la prière est personnelle, intériorisée. En lisant les prières nées dans divers environnements religieux, on peut entendre tantôt un cri de terreur, de désespoir, d'appel à l'aide, tantôt la joie et le ravissement face à la beauté de la Création divine, de la présence de Dieu dans le monde. C'est aussi parfois une expression d'angoisse et de solitude, de déréliction, ou, au contraire, un sentiment de bonheur, d'amour, d'humble adoration du Tout-Puissant. Autrement dit, ce qui s'exprime dans la prière, c'est un condensé de la vie humaine avec ses joies et ses tristesses, sa quête du sens de l'existence, le désir de percer les mystères de la vie et de la mort.*

* *L'Échelle spirituelle* de saint Jean Climaque, Serguiev Possad, 1908 (traduction russe).

** Cité par Olivier Clément : *Sources. Les mystiques chrétiens des origines*, Stock, 1982. Évagre le Pontique, qui vécut dans la seconde moitié du IVe siècle, est un des maîtres les plus importants de l'ascèse et de la mystique chrétiennes.

En dépit de la riche diversité des prières venues de différents peuples et époques, par-delà les particularités de la pensée religieuse, de la culture, des connaissances relatives à Dieu, on discerne de surprenantes affinités, une ligne commune qui nous a justement permis de dégager une série de thèmes universels et éternels de la communication avec Dieu, qui structurent en treize parties cette anthologie (il va de soi que nous ne prétendons pas donner une description exhaustive de tous les aspects de la prière). La première chose qui saute aux yeux dans la lecture des prières de différents peuples, c'est l'éternelle question « Où es-Tu ? ». « Adam, père de toute l'humanité, connaissait dans le paradis la douceur de l'amour de Dieu, aussi souffrit-il amèrement lorsque à cause de son péché, il fut chassé du jardin de l'Éden et perdit l'amour de Dieu... Le désert entendit son gémissement, les oiseaux se taisaient de douleur. Et voici que toute paix abandonna la terre. » L'homme n'a pas oublié son paradis perdu, sa parenté et son intimité avec Dieu, autrefois si proche et aujourd'hui si lointain. L'homme déchu ne peut pas se réconcilier avec son état d'exil, sa « condition humaine », et c'est à travers toute son histoire, dans tous les coins et replis du monde, qu'il cherche son Dieu. « Je Te cherche avec les larmes », profère notre contemporain, le mystique russe staretz Silouane. « Où es-tu ? » interroge un païen péruvien. « C'est vrai que je Vous cherche », avouait Paul Verlaine. Cette aspiration éternelle rapproche un Égyptien*

* Staretz Silouane, cité par Marc Lafontaine : *Le Mont Athos. Un itinéraire photographique accompagné par les écrits spirituels de Silouane*, Brepols, 1992.

qui vécut il y a 3 000 ans (« Prière d'un aveugle à Amon ») d'un chrétien russe du XVIIIe siècle, saint Tikhon de Zadonsk, qui demandait : « Donne-moi la lumière pour Te voir. »

Tel est donc le thème qui nourrit la première partie du présent recueil et qui s'exprimait remarquablement dans ces paroles de la Confession *de saint Augustin : « Seigneur, Tu nous as faits pour Toi, et notre tourment demeure sans remède avant de T'avoir reconnu. » On a de même placé, en tête des autres parties, des citations ou des sentences qui en résument l'esprit. La deuxième réunit des prières traduisant la connaissance que l'homme a de Dieu. Dieu est absolument transcendant au monde. Il est impénétrable et impossible à connaître. Dieu est le Créateur de tout ce qui existe. Dieu est Un, sans se fondre ni s'identifier à ce monde. Il est invisiblement présent dans la Création tout entière : « C'est Lui qui pénètre tout quoique demeurant distinct et loin » (Toukârâm). Dans la troisième partie, il est question de la proximité de Dieu, de Sa présence dans la vie de chacun des hommes : « Dieu n'est pas loin. Il est ce qu'il y a de plus près » (Paul Valéry). La quatrième recueille les prières de ceux qui ont trouvé Dieu et ont consacré, abandonné toute leur vie à Sa volonté : « Qui possède Dieu ne manque de rien. Dieu seul suffit » (sainte Thérèse d'Avila). Le problème du mal, de l'injustice sur terre, fait l'objet de la cinquième partie : « Qui penserait à Dieu s'il n'y avait pas de mal au monde ? » (Simone Weil). La sixième fait place au sentiment d'abandon par Dieu, de Son silence : « Mon Dieu, mon Dieu, pourquoi m'as-Tu abandonné ? » (Psaume 22). La septième est consacrée au mys-*

tère de la mort : « L'homme est ce qu'il fait de sa mort » (Paul Evdokimov). Dans la huitième partie, voici les appels et suppliques adressés à Dieu pour l'accomplissement des tâches et nécessités quotidiennes : « Venez à Moi, vous tous qui peinez ployant sous le fardeau, et Moi je vous soulagerai » (Matthieu, 11, 28). Le motif du repentir qui s'exprime invariablement dans nombre de religions est aussi celui de la neuvième partie : « Aie pitié de moi, mon Dieu, dans Ton amour, dans Ta grande miséricorde, efface mes torts » (Psaume 50). La dixième recueille les requêtes de dons spirituels, de purification, de perfectionnement de l'âme : « Je suis éphémère, rends-moi éternel ; je suis de la terre, rends-moi du ciel » (Iqbal). Dans la onzième, quelques prières font preuve d'un sens certain de l'humour : « Dieu ne veut pas d'un cœur triste. Il veut un cœur libre et gai » (sainte Marie-Madeleine de Pazzi). Dans la douzième partie, voici des prières de remerciement, de louange : « Que tout ce qui respire loue le Seigneur » (Psaume 150). Enfin, la treizième et dernière partie, celle où s'exprime le thème de l'amour : « Dieu est amour, et qui demeure dans l'amour demeure en Dieu et Dieu en lui » (Première épître de saint Jean, 4, 16).

L'amour est le sommet et le but, mais c'est également l'assise des relations de l'homme avec Dieu. « Je ne crains plus Dieu, je L'aime », disait saint Antoine le Grand, le fondateur du monachisme chrétien. Les saints Pères de l'Église distinguaient trois étapes dans l'ascension de l'âme humaine vers Dieu : c'est d'abord par crainte de la punition que*

* Cité par Avva Dorofeï : *Sermons. Épîtres. Questions. Réponses*, Moscou, AKTIS, 1991 (en russe).

l'homme Le sert ; ensuite, comme un esclave obéissant à son maître ; enfin, degré suprême, par amour filial pour Dieu-Père. Citons les remarquables paroles du grand mystique musulman al-Rûmî, qui elles aussi parlent d'amour : « Il existe bien des chemins de recherche, mais la recherche est toujours la même. Ne vois-tu pas que les chemins qui conduisent à La Mecque sont divers, l'un venant de Byzance, l'autre de Syrie, et d'autres encore passant par la terre ou la mer ? Par conséquent, la distance de ces chemins à parcourir est chaque fois différente ; mais lorsqu'ils aboutissent, les controverses, les discussions et les divergences de vues disparaissent, car les cœurs s'unissent... Cet élan du cœur n'est ni la foi, ni l'infidélité, mais l'amour. »*

Cette anthologie réunit pour l'essentiel des textes de prières personnelles, avant tout celles de grands mystiques, de saints, théologiens, poètes, philosophes et écrivains qui représentent différentes religions (les noms célèbres côtoient les moins connus, voire ignorés), mais aussi les prières anonymes de religions anciennes ou contemporaines. Une place de choix a été faite aux saints, mystiques et théologiens vénérés dans l'Église chrétienne orthodoxe mais moins connus en Occident, tels le staretz Silouane, saint Tikhon de Zadonsk, saint André de Crète ou Siméon le Nouveau Théologien, à côté des poètes, écrivains, philosophes russes, hindous et musulmans. On a souvent reproché à ces derniers un respect trop strict de la forme extérieure, du rite, du « modèle de prière », mais les textes réunis ici tendent à réfuter une opinion somme toute superficielle et injuste ; c'est

* Eva de Vitray-Meyerovitch, *Anthologie du soufisme*, Albin Michel, 1995, p. 264.

notamment le cas des prières des soufis, représentées en assez grand nombre, qui constituent un véritable trésor de la spiritualité musulmane (Râbi'a bint Ismâil al'Adawiya, Al-Hallaj, Ghazâli, Hâfez, Dhou'l-Noun Al-Misri, Bayezid Bestâmi, Abou-bakr Al-Chibli).

Nul doute que la prière individuelle a historiquement précédé la prière liturgique, car l'établissement d'un canon de l'office ne pouvait se faire qu'à partir d'une rencontre personnelle avec Dieu, de la révélation assumée par une personne concrète. Néanmoins, nous avons aussi recueilli certaines des prières qui font partie de la liturgie publique. Le nom même de « liturgie » désignait à l'origine un des offices principaux de l'Église chrétienne, avant de s'étendre à l'ensemble du culte célébré par telle ou telle communauté religieuse, même extérieure au christianisme : c'est dans ce sens large que nous parlons de prière « liturgique ». Ainsi, le « Pater noster » chrétien voisine avec la « Fâtihat al-kitab », première sourate du Coran, de même que cohabitent les textes tirés des livres sacrés de différentes religions : Bible, Coran, Veda, Avesta, prières rituelles anonymes des peuples primitifs d'Afrique et d'Amérique latine. N'oublions pas toutefois que même ces prières, avant de se figer en textes sacrés et consacrés, avaient été inspirées par Dieu à tel ou tel individu, aussi la division en prières personnelles et liturgiques est-elle toute relative. Mais la question de la « paternité » des textes sacrés est un problème complexe sur lequel nous ne nous arrêterons pas ici.

Les principales religions de l'histoire humaine sont représentées dans cette anthologie – judaïsme, christianisme, islam, bouddhisme, hindouisme, zoroastrisme, taoïsme, religions primitives d'Afrique et d'Amérique latine, croyances païennes de l'Orient et de la Grèce antique – mais dans la mesure où seules nous intéressaient les prières à Dieu, on ne trouvera pas ici la célèbre ballade de François Villon, qui est adressée à la Vierge Marie, ni aucune des prières invoquant les saints, les innombrables divinités et esprits des religions païennes. S'agissant des religions non monothéistes, nous avons surtout retenu ce qui relevait de l'intuition, de la révélation, de la connaissance d'un Dieu unique, démiurge, créateur de tout ce qui est. Par exemple, la prière égyptienne, datant d'environ 1400 av. J.-C., est adressée au dieu Amon, que l'on vénérait à l'époque comme la divinité suprême, comme le créateur et le père de tous les autres dieux. Un hymne péruvien, précolombien, célèbre Viracocha, qui était le dieu suprême du panthéon inca. Dans les Veda, il est question du « Dieu primordial », etc.

La prière issue des profondeurs du cœur humain est sans doute ce que nos semblables ont créé de plus sincère à travers les âges. « Par prière, j'entends non pas celle qui n'est que dans la bouche, mais celle qui jaillit du fond du cœur. En effet, de même que les arbres aux racines profondes ne sont pas brisés ni arrachés par les tempêtes […], de même les prières qui viennent du fond du cœur, ainsi enracinées montent vers le ciel en toute sûreté. » L'émotion liée à la présence du Très-Haut, qui a suscité la prière, est précisément ce qui confère à son langage une teinte* sui generis. *La prière est toujours étonnamment poétique. Du reste, la poésie est elle-même née de la prière, ses premiers spécimens sont des textes d'ordre*

* Jean Chrysostome, « De l'incompréhensibilité de Dieu, 5e discours », *Patrologie grecque* de Migne, 48, 746.

spirituel, religieux. C'est en invoquant Dieu que l'âme échappe au joug du quotidien, du trivial, et s'adresse à Lui dans une langue pour ainsi dire sublimée. Sans doute est-ce ce qui explique l'attachement des croyants de différentes confessions à une langue liturgique spéciale, non « souillée » par un usage profane et quotidien. On sait par exemple combien les musulmans tiennent à préserver la prière dans une langue que plus personne ne parle : la langue du Coran, la langue de la Révélation, une langue « sacrée ». Pour l'Église orthodoxe russe, il s'agit du « slavon », une langue qui n'est pas parlée non plus, mais au remplacement de laquelle s'opposent la majorité des fidèles. Chez les catholiques, il reste encore des adeptes du latin. Ce qui apparente le langage de la prière à celui de la poésie, c'est également un style qui repose sur les images, le ton lyrique magnifié, un rythme particulier, une syntaxe originale, souvent archaïque. Nombre de textes des livres sacrés, de la Bible au Coran, des Veda hindous au Zarathoustra iranien, sont eux-mêmes des exemples de poésie superbe et profonde. Une poésie qui est également présente dans les prières de cette anthologie. Si l'on prend la Bible, qui nous est la plus proche, il convient de mentionner tout d'abord le Livre des Psaumes, incomparable échantillon de poésie lyrique religieuse. Le mot grec psalmos *désignait à l'origine un instrument à cordes, semblable à une harpe, dont on jouait pour accompagner les chants scandés. Ce livre de l'Ancien Testament est d'ailleurs lui-même le recueil d'une « centaine » de prières (en réalité, 150) parmi les plus belles. Des textes d'une pénétration profonde, où passe toute la vie de l'homme avec ses souffrances, ses joies, ses craintes, ses doutes et ses afflictions, sa nostalgie de*

Dieu, ses espoirs en Lui. Nous n'avons repris que les psaumes qui répondent aux thèmes mis en exergue dans l'anthologie (12, 62, 83, 90 suivant la numérotation chrétienne, quelque peu différente de la tradition judaïque).

*La poésie sublime de la Bible, outre le Livre des Psaumes, s'est incarnée dans de nombreux fragments des Livres prophétiques, dans le chant de Moïse (Exode, XV), la chanson du puits (Nombres, XXI, 17-18), l'hymne victorieux de Débora (Juges, V), la complainte de David sur Saül et Jonathan (2e Livre de Samuel, I), les chants d'éloge de Judas et Simon Maccabée (1er Livre des Maccabées, III, 3-9 ; XIV, 4-15). Enfin, dans le Cantique des Cantiques, ce merveilleux poème dont des extraits viennent clore le présent recueil. Dans le Nouveau Testament, citons « Mon âme exalte le Seigneur », le Cantique de Marie qui a été repris ici, « Loué soit le Seigneur, Dieu d'Israël » et « Tu peux laisser ton serviteur mourir en paix » (*Nunc dimittis*).*

Précisons toutefois que ce n'est pas n'importe quelle poésie religieuse qui constitue une prière. Nous n'avons recueilli que les textes de prière proprement dite, ceux qui traduisent soit l'invocation directe de Dieu, soit le dialogue de Dieu avec l'âme (Cantique des Cantiques, « Abraham et la mort », etc.), qui ne sont pas simplement une méditation philosophico-religieuse de tel ou tel auteur. Seuls quelques-uns des textes de ce recueil se trouvent à la charnière de la poésie proprement religieuse et de la prière. Intérieurement adressés à Dieu, ils reflètent la connaissance qu'on peut avoir de Lui ou bien suggèrent un dialogue profond avec le Très-Haut. Tel est notamment le cas d'un texte chinois attribué à Lao-tseu (« Le regardant, on ne le voit pas... »), d'un extrait des Upanishad (« Quand on a reconnu le dieu »), de la prière grecque ancienne « Dieu » ou de « La lumière éternelle » de Siméon le Nouveau Théologien.

Alfia CHAFIGOULINA

AVERTISSEMENT

Les titres entre guillemets sont de l'auteur de l'anthologie.
Les titres sans guillemets sont ceux de la source elle-même.

I

« Seigneur, Tu nous as faits pour Toi, et notre tourment demeure sans remède avant de T'avoir reconnu. »

SAINT AUGUSTIN

THOMAS A KEMPIS

Allemagne, 1380-1471

Il faut se reposer en Dieu par-dessus tous les biens et tous les dons de la nature et de la grâce

Ineffable splendeur de la gloire éternelle,
Consolateur de l'âme en sa prison mortelle,
En ce pèlerinage où le céleste amour
Lui montrant son pays la presse du retour,
Si ma bouche est muette, écoute mon silence,
Écoute dans mon cœur une voix qui s'élance.
Là, d'un ton que jamais nul que Toi n'entendit,
Cette voix sans parler Te dit et Te redit :

« Combien dois-je encore attendre ?
Jusques à quand tardes-Tu,
Ô Dieu tout bon, à descendre
Dans mon courage abattu ?

« Mon besoin T'en sollicite,
Toi qui, de tous biens auteur,
Peux d'une seule visite
Enrichir Ton serviteur.

« Viens donc, Seigneur, et déploie
Tous Tes trésors à mes yeux ;
Remplis-moi de cette joie
Que Tu fais régner aux cieux.

« De l'angoisse qui m'accable
Daigne être le médecin,
Et d'une main charitable
Dissipes-en le chagrin.

« Viens, mon Dieu, viens sans demeure :
Tant que je ne Te vois pas,
Il n'est point de jour ni d'heure
Où je goûte aucun appas.

« Ma joie en Toi seul réside ;
Tu fais seul mes bons destins ;
Et sans Toi ma table est vide
Dans la pompe des festins.

« Sous les misères humaines,
Infecté de leur poison,
Et tout chargé de leurs chaînes,
Je languis comme en prison,
« Jusqu'à ce que Ta lumière
Y répande sa clarté,
Et que Ta faveur entière
Me rende ma liberté,

« Jusqu'à ce qu'après l'orage,
La nuit faisant place au jour,
Tu me montres un visage
Qui soit pour moi tout d'amour. »

Que d'autres, enivrés de leurs folles pensées,
Suivent au lieu de Toi leurs ardeurs insensées ;
Que le reste du monde attache ses plaisirs
Aux frivoles objets de ses bouillants désirs :
Rien ne me plaît, Seigneur, rien ne pourra
[me plaire
Que Toi, qui seul de l'âme ès l'espoir salutaire.

Traduction de Pierre Corneille

PAUL VERLAINE
France, 1844-1896

« *C'est vrai que je Vous cherche* »

Mon Dieu m'a dit : « Mon fils, il faut M'aimer.
[Tu vois
Mon flanc percé, mon cœur qui rayonne
[et qui saigne,
Et mes pieds offensés que Madeleine baigne
De larmes, et mes bras douloureux sous le poids

De tes péchés, et mes mains ! Et tu vois la croix,
Tu vois les clous, le fiel, l'éponge, et tout
[t'enseigne
À n'aimer, en ce monde amer où la chair règne,
Que ma Chair et mon Sang, ma parole
[et ma voix.

Ne t'ai-je pas aimé jusqu'à la mort moi-même,
Ô mon frère en mon Père, ô mon fils en l'Esprit,
Et n'ai-je pas souffert, comme c'était écrit ?

N'ai-je pas sanglоté ton angoisse suprême
Et n'ai-je pas sué la sueur de tes nuits,
Lamentable ami qui me cherche où je suis ? »

J'ai répondu : « Seigneur, Vous avez dit mon
[âme.
C'est vrai que je Vous cherche et ne Vous trouve
[pas.
Mais Vous aimer ! Voyez comme je suis en bas,
Vous dont l'amour toujours monte comme
[la flamme,

Vous, la source de paix que toute soif réclame,
Hélas ! voyez un peu tous mes tristes combats !
Oserai-je adorer la trace de Vos pas,
Sur ces genoux saignants d'un rampement
[infâme ?

Et pourtant je Vous cherche en longs
[tâtonnements,
Je voudrais que Votre ombre au moins vêtit
[ma honte,
Mais Vous n'avez pas d'ombre, ô Vous dont
[l'amour monte,

Ô Vous, fontaine calme, amère aux seuls amants
De leur damnation, ô Vous, toute lumière,
Sauf aux yeux dont un lourd baiser tient
[la paupière ! »

LA BIBLE

1000 av. J.-C.-100 après J.-C.*

Psaume 62 (extrait)

Dieu, c'est Toi mon Dieu, je Te cherche,
mon âme a soif de Toi,
après Toi languit ma chair,
terre sèche, altérée, sans eau.
Oui, au sanctuaire je T'ai contemplé,
voyant Ta puissance et Ta gloire.

Meilleur que la vie, Ton amour ;
mes lèvres diront Ton éloge.
Oui, je veux Te bénir en ma vie,
à Ton nom, élever les mains ;
comme de graisse et de moelle se rassasie
[mon âme,
lèvres jubilantes, louange en ma bouche.

Quand je songe à Toi sur ma couche,
au long des veilles je médite sur Toi,
Toi qui fus mon secours,
et je jubile à l'ombre de Tes ailes ;
mon âme se presse contre Toi,
Ta droite me sert de soutien.

* Les livres qui forment la Bible (le mot grec *biblia* signifie « les livres ») ont été écrits entre 1000 av. J.-C. et 100 ap. J.-C., mais une grande partie des textes qui la composent est d'origine beaucoup plus ancienne, transmise par la tradition orale. La liste des livres reconnus comme canoniques est différente dans la Bible chrétienne et la Bible hébraïque. Le canon juif ne reconnaît que l'essentiel des écrits qui constituent l'Ancien Testament de la Bible chrétienne. L'exégèse contemporaine situe la composition des Psaumes de David entre le Xe et IVe siècle av. J.-C.

STARETZ SILOUANE*

Russie, 1866-1938

Les Lamentations d'Adam (extrait)

Mon âme désire le Seigneur et Le cherche
[avec des larmes.
Comment ne chercherais-je pas le Seigneur ?
Mon âme était heureuse avec Lui et dans la paix,
[et l'Ennemi
n'avait point de part en moi.
Maintenant, l'esprit de malice a acquis pouvoir
[sur moi,
Mon âme est dans l'incertitude et sous ses coups.
Aussi elle languit vers le Seigneur et Le désire
[à en mourir.
Mon esprit tend vers Dieu, rien sur la terre
[ne me réjouit plus, rien
ne peut consoler mon âme !
Je veux voir le Seigneur, et en Lui être rassasié.
Je ne puis L'oublier et je crie dans la plénitude
[de ma peine :
Dieu, mon Dieu, aie pitié de moi, aie pitié
[de Ta créature tombée !

* Le mot russe *staretz* signifie « ancien » ou « vieillard » et désigne dans l'Église orthodoxe russe un religieux, dont la sagesse lui permet d'être le « père spirituel » d'un ou de plusieurs disciples et de diriger leur vie spirituelle. Staretz Silouane est un grand mystique russe, considéré dans l'Église orthodoxe de la Russie comme un maître de la prière.

STARETZ SILOUANE

Russie, 1866-1938

« *Je Te cherche avec les larmes* »

Où es-Tu, ma Lumière et ma Joie ? Le parfum de Ton passage est resté dans mon âme, et j'ai soif de Toi ! Mon cœur est sans courage et rien ne me donne de joie. Je T'ai attristé, et Toi, Tu T'es caché de moi.

Enfant, j'aimais le monde et sa beauté, les bois et les prés verdoyants ; j'aimais les jardins et les forêts, les clairs nuages qui passent au-dessus de nos têtes. J'aimais toute cette belle création de Dieu. Mais depuis que j'ai connu le Seigneur, tout est changé dans mon âme devenue sa prisonnière. Je ne désire plus ce monde. Mon âme cherche inlassablement le monde où habite mon Seigneur.

Comme un oiseau prisonnier désire s'enfuir de la cage, ainsi mon âme désire-t-elle Dieu. Où es-Tu, ô ma Lumière ? Je Te cherche avec des larmes. Si Tu ne T'étais pas révélé à mon âme, je ne pourrais Te chercher ainsi. Aujourd'hui Tu m'as visité, moi pécheur, et Tu m'as fait connaître Ton amour. Tu m'as révélé que, par amour pour nous, Tu T'es laissé attacher à la croix et que, pour nous, Tu as souffert et Tu es mort. Tu m'as fait voir que Ton amour T'a mené du Ciel sur la terre et jusqu'au fond des enfers pour que nous puissions voir Ta gloire. Tu as eu pitié de moi et Tu m'as montré Ton visage, et maintenant mon âme a soif de Toi, mon Dieu ! Comme un enfant qui a perdu sa maman, elle pleure vers Toi jour et nuit et ne trouve pas de paix.

ANONYME

Égypte ancienne vers 1400 avant J.-C.

*Prière d'un aveugle à Amon**

Mon cœur désire Te voir, Seigneur des perséas,
lorsque Ta gorge est porteuse du vent du nord.
Tu fais qu'on soit rassasié sans qu'on ait besoin
[de manger ;
Tu fais qu'on soit ivre sans qu'on ait besoin
[de boire.

Mon cœur désire Te voir,
mon cœur est dans la joie, Amon, protecteur
[du pauvre.
Tu es le père de celui qui n'a pas de mère,
l'époux de la veuve !

C'est chose douce de prononcer Ton nom !
Il est comme le goût de la vie,
il est comme le goût du pain pour l'enfant,
comme l'étoffe pour quelqu'un qui est nu,
comme le goût du fruit de [...]** à la saison
[chaude

[...]

comme le souffle de la brise pour celui qui est
[en prison

[...]

Tourne-Toi vers nous, Seigneur éternel !

Tu étais ici alors que rien n'existait,
Tu étais ici et ce fut la provende !
Tu as fait que je voie les ténèbres que Tu donnes.
Fais la lumière pour moi, que je Te voie !
Penche-Toi vers moi, penche Ton beau visage
[bien-aimé.
Tu viendras de loin !

Fais que Ton humble serviteur, le scribe Pawah,
[Te voie.
Accorde-lui que Ré se penche sans cesse sur lui.
Vraiment, c'est bon d'être à Ta suite,
Amon, grand Seigneur pour qui le cherche,
(heureux est-on) si toutefois on le trouve !...
Puisses-Tu chasser la crainte,
puisses-Tu placer la joie au cœur des hommes.
Mon visage se réjouit de Te voir, Amon !
Alors il sera en fête, chaque jour !

* Cette prière a été trouvée sur le mur d'une tombe thébaine. Elle remonte à la XVIIIe dynastie (vers 1400 avant J.-C.). En Haute et Basse Égypte durant la période du Moyen Empire (2050-1750 av. J.-C.) et du Nouvel Empire (1600-1100 av. J.-C.), Amon est le dieu majeur, le dieu créateur, père de tous les autres dieux, « le souffle vital qui demeure en toute chose ».

** Les crochets sont mis ici pour les mots manquants dans l'original.

SAINT ANSELME

France, 1033-1109

« *Où et comment Te trouver ?* »

Ô Seigneur mon Dieu, enseigne à mon cœur où et comment il faut qu'il Te cherche, où et comment il Te trouvera. Si Tu n'es pas ici, ô Seigneur ! absent, où Te trouverai-je ? Sans doute Tu habites une lumière inaccessible. Mais où est cette lumière inaccessible, comment m'approcherai-je d'elle ? Qui me conduira, qui m'introduira dans ce séjour de lumière ? Qui fera que je T'y contemple ? Par quels signes ensuite, sous quelle forme Te chercherai-je ? Je ne T'ai jamais vu, Seigneur mon Dieu, je ne connais point Ta face. Que fera, Seigneur tout-puissant, cet être exilé par Toi, si loin de Toi ? Que fera Ton serviteur, tourmenté de l'amour de Tes perfections, et rejeté loin de Ta présence ? Il s'épuise en cherchant à Te voir, et Ta face est trop loin de lui. Il désire s'approcher de Toi, et Ta demeure est inaccessible. Il brûle de l'ardeur de Te trouver, et il ignore quel lieu Tu habites. Il ne respire qu'après Toi, et il n'a jamais vu Ton visage. Seigneur, Tu es mon Dieu, Tu es mon maître, et je ne T'ai jamais vu. Tu m'as créé et Tu m'as racheté, Tu m'as accordé tous les biens que je possède, et je ne Te connais pas encore. Enfin, j'ai été créé pour

Te voir et je n'ai point encore atteint ce but de ma naissance. Ô sort plein de misère ! L'homme a perdu le bien pour lequel il a été créé. Ô dure condition ! Ô cruel malheur ! Hélas ! qu'a-t-il perdu et qu'a-t-il trouvé ? que lui a-t-il été ravi ? que lui est-il resté ? Il a perdu le bonheur pour lequel il était né, il a trouvé le malheur auquel il n'était pas destiné !

SYMÉON LE NOUVEAU THÉOLOGIEN

Byzance, 949 (?)-1022

« *Accorde-moi de voir Ton visage* »

Accorde-moi de voir Ton visage, ô Verbe,
et de jouir de Ta beauté inexprimable,
de contempler et de savourer Ta vision,
vision ineffable, vision invisible,
vision redoutable ; pourtant, accorde-moi de dire
non son essence mais ses opérations.
Car Tu es au-delà de la nature, au-delà
[de toute essence

tout entier, Toi, mon Dieu, mon créateur.
Mais le reflet de Ta gloire divine
se laisse voir à nous : c'est une lumière simple,
[une lumière douce ;

lumière elle se révèle, lumière elle s'unit
tout entière, je pense, avec nous tout entiers,
[Tes serviteurs,
lumière que l'on contemple en esprit et de loin,
lumière qui se découvre soudain à l'intérieur
[de nous,

lumière qui sourd comme de l'eau, et brûle
[comme du feu
dans le cœur dont elle s'empare vraiment.
Par cette lumière j'ai connu, mon Sauveur,
que mon âme humble et misérable avait été
[saisie,
qu'elle était brûlée et consumée.

RABINDRANÄTH TAGORE

Inde, 1861-1941

« *Si ce n'est pas mon lot de Te rencontrer...* »

Si ce n'est pas mon lot de Te rencontrer dans cette vie, que du moins jamais je ne perde le regret de ne point T'avoir vu – que pas un instant je n'oublie, et que dans le rêve ou la veille j'emporte la torture de ce chagrin.

Tandis que s'écoulent mes jours parmi la foule mercantile et que mes mains s'emplissent des bénéfices quotidiens, que toujours je sente que je n'ai rien gagné – que pas un instant je n'oublie, et que dans le rêve ou la veille j'emporte la torture de ce chagrin.

Quand je me tiens sur le bord de la route, tout las et pantelant – quand je fais mon lit dans la poussière que toujours je sente que le long voyage est encore devant moi – que pas un instant je n'oublie, et que dans le rêve ou la veille j'emporte la torture de ce chagrin.

Quand mes chambres auront été pavoisées, quand retentiront les chants de flûte et les rires, que toujours je sente que je ne T'ai pas invité dans ma demeure – que pas un instant je n'oublie, et que dans le rêve ou la veille j'emporte la torture de ce chagrin.

Traduction d'André Gide

PIERRE THEILHARD DE CHARDIN

France, 1881-1955

« *Ceci est mon corps* »

Comme je le sens passer en moi, aujourd'hui, Seigneur, l'appel de la multitude lassée, qui cherche à gagner, dans le Divin, son ordre et son repos !

Il me semble entendre, sortant de toutes créatures, – et de celles qui sont emprisonnées dans la matière inerte – et de celles qui s'éveillent à la lumière de la vie – et de celles qui se meuvent dans la liberté –, la plainte universelle : « Aie pitié de nous, prêtre, si tu le peux. Donne-nous notre achèvement en nous donnant notre Dieu ! »

Qui donc prononcera, sur la masse informe du Monde, les mots qui lui donneront une âme ?

Quelle voix fera tomber, entre Dieu et la Création, l'obstacle qui empêche Ceci de rejoindre cela ?

Qu'elle se répète aujourd'hui encore, et demain, et à jamais, tant que la transformation ne sera pas complètement épuisée, la divine Parole : « Ceci est mon Corps. »

ANONYME

Pérou, époque précolombienne

*Le grand hymne à Viracocha**

Ô Viracocha, seigneur de l'univers,
que Tu sois mâle,
que Tu sois femme,
seigneur de la reproduction,
où que Tu puisses être,
seigneur de divination,
où es-Tu ?
Tu peux être en haut,
Tu peux être en bas,
ou peut-être alentour,
Avec Ton splendide trône et Ton sceptre !
Deh, écoute-moi !

Du haut du ciel,
ou peut-être Tu es,
de la mer là-bas,
ou peut-être Tu es,
Créateur du monde,
faiseur de tous les hommes,
seigneur de tous les seigneurs,
mes yeux m'abandonnent
par désir de Te voir,
par seul désir de Te connaître.

Puissé-je T'admirer,
puissé-je Te connaître,
puissé-je Te contempler,
puissé-je Te comprendre.
Tourne donc Ton regard sur moi,
puisque Tu me connais,
Le soleil, la lune,
le jour, la nuit,
le printemps, l'hiver,
ne sont pas vainement commandés
par Toi, ô Viracocha !
Eux tous se meuvent
Vers un lieu déterminé :
tous arrivent à leur fin,
là où il Te plaît.
Ton sceptre royal Tu le gouvernes.
Deh, écoute-moi !
Fais que je ne me fatigue,
ni ne meure.

* Viracocha est le dieu suprême du panthéon péruvien de l'époque précolombienne.

II

« C'est Lui qui pénètre
tout quoique
demeurant distinct
et loin. »

TOUKÂRÂM

LAO-TSEU

Chine, v. 570-v. 490 av. J.-C.

« Le regardant, on ne Le voit pas... »

Le regardant, on ne Le voit pas, on Le nomme
[l'invisible.
L'écoutant, on ne L'entend pas, on Le nomme
[l'inaudible.
Le touchant, on ne Le sent pas, on Le nomme
[l'impalpable.
Ces trois états dont l'essence est indéchiffrable
Se confondent finalement en un.

Sa face supérieure n'est pas illuminée,
Sa face inférieure n'est pas obscure.
Perpétuel, Il ne peut être nommé,
ainsi Il appartient au royaume des sans-choses.
Il est la forme sans forme et l'image sans image.
Il est fuyant et insaisissable.
L'accueillant, on ne voit pas sa tête,
Le suivant, on ne voit pas son dos.

ANONYME

Grèce antique

Dieu

Dieu, maître de la foudre, est premier et dernier.
Dieu est Tête, et Milieu, père de l'univers.
Dieu est Mâle, et Dieu est une Vierge immortelle.
Dieu soutient et la terre et le ciel étoilé.
Dieu, souffle universel, force du feu sans fin,
Dieu racine des mers, Dieu Lune, Dieu Soleil,
Dieu Seigneur, Dieu principe et créateur de tout.
C'est la force, et l'Archange, et le maître de tout,
c'est le seul corps royal, où se meut l'univers,
le jour, la nuit, le feu, la terre, l'eau, l'éther,
la peur des anciens temps, l'Amour aux cent
[plaisirs !
L'immense corps de Dieu seul sait tout contenir...
... Il entend tout, sait tout. Et rien au monde n'est,
parole, ou moindre son, ou bruit, ou bien
[rumeur,
que ne puisse saisir le tout-puissant Seigneur.

SALOMON IBN GABIROL

Espagne, v. 1020-v. 1055

« *Tu es Un* »

Tu es Un, le commencement de tous les nombres,
le fondement de tous les édifices.
Tu es Un et dans le secret de Ton Unité
les hommes les plus savants se perdent.
Tu es Un, et Ton unité ne diminue jamais,
n'augmente jamais ni ne souffre aucune
[altération.
Tu es Un, mais non pas Un par le nombre,
car Ton unité n'admet ni multiplicité,
ni changement, ni forme.
Tu es Un, auquel nulle imagination ne fixe
[de limite
et ne peut donner une définition.
Tu es Un, enfin, cet Un
dont l'excellence est si élevée
qu'elle ne peut tomber d'aucune manière
[que ce soit
et non pas comme cet Un qui peut cesser d'être
Tu es existant,
et nulle oreille ne peut Te percevoir,
nul œil ne peut t'atteindre.
Le pourquoi, le comment et la négation
ne peuvent se rapporter à Toi.

Tu es existant, mais pour Toi seul,
et nul autre ne partage Ton existence.
Tu es existant et avant le temps Tu fus
et en dehors de l'espace.
Tu es existant et Ton secret reste caché.
Qui saurait le pénétrer ?
Il est trop profond.
Qui pourrait le découvrir ?

GRÉGOIRE DE NAZIANZE

Cappadoce, env. 330-env. 390

« *Ô Toi l'au-delà de tout, comment T'appeler d'un autre nom ?* »

Ô Toi l'au-delà de tout,
comment T'appeler d'un autre nom ?

Aucun mot ne T'exprime.
Quel esprit peut Te saisir ?
Nulle intelligence ne Te conçoit.
Seul, Tu es ineffable ;
tout ce qui se dit est sorti de Toi.
Seul, Tu es inconnaissable ;
tout ce qui se pense est sorti de Toi.
Tous les êtres Te célèbrent,
ceux qui parlent et ceux qui sont muets
Tous les êtres Te rendent hommage,
ceux qui pensent comme ceux qui ne pensent
[pas.
L'universel désir, le gémissement de tous
tend vers Toi. Tout ce qui existe Te prie
et vers Toi, tout être qui sait lire Ton univers,
fait monter un hymne de silence.
En Toi seul tout demeure.

En Toi, d'un même élan, tout déferle.
De tous les êtres Tu es la fin.
Tu es unique.
Tu es chacun et Tu n'es aucun.
Tu n'es pas un être, Tu n'es pas l'ensemble :
Tu as tous les noms ; comment T'appellerai-je,
Toi, le seul qu'on ne peut nommer ?

[...]

Aie pitié, ô Toi, l'au-delà de tout :
comment T'appeler d'un autre nom ?

SYMÉON LE NOUVEAU THÉOLOGIEN

Byzance, 949-1022

« *Lumière éternelle* »

Quelle route pourrais-je suivre, quel chemin
[faut-il éviter ?
Sur quelle montagne faut-il monter
[et de quel côté ?
et quelle grotte y faudra-t-il à tâtons explorer ?
ou bien quel marais faudra-t-il traverser
[pour être digne de voir
et de retenir, malheureux, celui qui est présent
[partout,
celui qui est insaisissable, celui qui est invisible ?
dans quel enfer descendre ? jusqu'à quel ciel
monter ? jusqu'aux extrémités de quelle mer
faudrait-il parvenir pour trouver celui qui est
[totalement inaccessible,
celui qui est absolument illimité, tout entier
[impalpable ?
Comment trouver, dis-moi, l'Immatériel
[parmi les êtres matériels,
le Créateur dans sa création, l'Incorruptible
[parmi les êtres corruptibles ?
Comment sortir du monde, moi qui suis
[dans le monde ?

Moi qui suis tout entier herbe sèche, comment
[oser toucher au feu ?
Et pourtant maintenant écoute l'explication
[de ces mystères !
Avant que ne soit le ciel, avant que ne soit créée
[la terre,
il y avait Dieu, la Trinité, l'Unique, et Lui seul,
Lumière éternelle, Lumière incréée, Lumière
[totalement inexprimable,
à la fois Dieu immortel, sans terme, unique,
éternel, perpétuel, plus que très bon.

UPANISHAD*

Inde antique

« *Quand on a reconnu le dieu...* »

Le Seigneur porte en Lui tout ensemble, le périssable et l'impérissable, le manifesté et le non-manifesté. L'âme sans le Seigneur reste liée par le fait qu'elle jouit : quand elle a reconnu le dieu, elle est libérée de toutes ses entraves.

Périssable est la matière, immortel et impérissable Shiva. Le dieu unique est maître de ce qui passe et du Soi : méditant sur Lui, s'unissant à Lui, se réalisant par Lui, toute illusion décroît et cesse enfin.

Quand on a reconnu le dieu, toutes les chaînes disparaissent. Quand les tourments sont abolis, naissance et mort se dissipent. Quand en troisième lieu le corps se sépare, on atteint par la méditation la souveraineté absolue : libéré, on réalise alors ses désirs.

* Les Upanishad sont des recueils de textes, rattachés aux Veda. Constituant le fondement religieux de l'Inde, les Veda désignent un ensemble de textes sacrés, composés durant deux millénaires avant l'ère chrétienne.

VEDA

Inde antique

« *Le Dieu primordial* »

L'Embryon d'or au commencement se développa : né il devint le maître unique des choses. Il maintient la Terre et le Ciel que voici. Quel est-il, ce dieu, que nous le servions par notre oblation ?

Celui qui donne souffle et vigueur, aux instructions duquel tous se conforment, les dieux aussi, celui de qui la mort et la non-mort ne sont que l'ombre : quel est-il, ce dieu, que nous le servions par notre oblation ?

Celui qui par sa puissance est devenu le seul roi des choses animées, de ce qui respire et sommeille, celui qui commande aux bipèdes, aux quadrupèdes : quel est-il ce dieu, que nous le servions par notre oblation ?

Celui par la puissance duquel existent ces montagnes neigeuses, l'océan avec la Rasā, dit-on, et les pôles du ciel qui sont ses bras : quel est-il, ce dieu, que nous le servions par notre oblation ?

Celui qui a affermi le Ciel robuste et la Terre, qui a fixé le soleil, fixé la voûte céleste, qui dans l'atmosphère mesure l'espace : quel est-il, ce dieu, que nous le servions par notre oblation ?

[...]

Celui qui par sa puissance a embrassé les Eaux du regard, porteuses d'énergie, génératrices du sacrifice, celui qui parmi les dieux fut le dieu unique : quel est-il, ce dieu, que nous le servions par notre oblation ?

Veuille ne pas nous blesser le géniteur de la Terre et celui qui engendra le Ciel et dont les lois sont vraies, et celui qui créa les grandes, les scintillantes Eaux ! Quel est-il ce dieu, que nous le servions par notre oblation ?

Ô Prajāpati, c'est Toi et nul autre qui embrasses toutes ces créations. Ce que nous souhaitons en Te faisant l'offrande, puisse cela nous échoir ! Devenons maîtres des richesses !

III

« Dieu n'est pas loin.
Il est ce qu'il y a de
plus près. »

Paul Valéry

Manou

ANONYME*

Russie, XXe siècle

« *Peut-être cette nuit, je frapperai chez Toi* »

M'entends-tu, mon Dieu ?
Jamais de ma vie je ne T'ai parlé, mais
[aujourd'hui je veux Te saluer.
Tu sais que depuis ma plus tendre enfance
[on m'a dit que Tu n'existais pas,
[et moi, j'étais si bête que je l'ai cru.
Jamais je n'avais eu conscience de la beauté
[de Ta création.
Aujourd'hui, soudain, en voyant les profondeurs
[de l'immensité, ce ciel étoilé au-dessus
[de moi, mes yeux se sont ouverts.
Émerveillé, j'ai compris sa lumière
Comment ai-je pu être si cruellement trompé ?
Je ne sais pas, Seigneur, si Tu me tends la main,
[mais je Te confie ce miracle et Tu
[comprendras : au fond de ce terrible enfer,
[la lumière a jailli en moi et je T'ai vu.
Je ne Te dirai rien de plus, seulement la joie
[de Te connaître.
À minuit, nous devons passer à l'attaque, mais
[je n'ai pas peur, Tu nous regardes.

Écoute ! c'est le signal. Que faire ? J'étais si bien
[avec Toi.
Je veux Te dire encore ceci : Tu sais que
[le combat sera mauvais.
Peut-être que cette nuit, je frapperai chez Toi.
Bien que je n'aie jamais été Ton ami, me
[permettras-Tu d'entrer quand j'arriverai ?
Mais je ne pleure pas, Tu vois ce qui m'arrive,
[mes yeux se sont ouverts.
Pardonne-moi, Dieu. Je pars et ne reviendrai
[sûrement pas, mais quel miracle !
Je n'ai plus peur de la mort !

* Prière trouvée dans la poche d'un soldat inconnu tué pendant la Seconde Guerre mondiale.

EDITH STEIN
Allemagne, 1889-1942

« *Tu me conduis par la main* »

Qui es-Tu, Lumière,
Toi qui me remplis
et éclaires l'obscurité
de mon cœur ?
Tu me conduis par la main
à l'égal d'une mère,
si bien que je ne saurais,
si Tu me lâchais,
faire un seul pas.
Tu es l'espace
qui encercle mon être,
qui l'enferme
et l'abrite.
Abandonné de Toi,
il plongerait dans le gouffre
du néant d'où Tu le tiras
pour le faire exister.
Toi, plus près de moi
que je ne le suis moi-même
et plus intime

que le tréfonds de moi
et pourtant insaisissable
et ineffable,
Toi qui fais éclater tous les noms :
Esprit saint – Amour éternel.

TOUKÂRÂM

Inde, 1598-1650

« *Tu es mon seul soutien* »

Où que j'aille, Tu es le compagnon
qui me tient la main et me conduit.

Sur cette route où je chemine,
Tu es mon seul soutien.
À mes côtés, Tu portes mon fardeau.

En marchant, si je divague,
Toi, tu me redresses :
Tu as brisé mes résistances,
ô Dieu, Tu m'as poussé en avant.

Tous les êtres, tous les hommes
sont devenus mes frères bien-aimés.

Maintenant, Ta joie me pénètre et m'entoure,
[dit Toukâ,
je suis comme un enfant qui joue dans une fête.

SYMÉON LE NOUVEAU THÉOLOGIEN

Byzance, 949-1022

« *Le Créateur m'a donné sa main* »

Ô Toi, que nul entre les hommes n'a jamais vu,
Roi universel, unique, qui dépasse toute
[miséricorde,
Je Te rends grâce de tout mon cœur,
parce que Tu n'as pas détourné Ton regard
[quand je gisais
tout en bas dans l'obscurité, mais Tu m'as touché
[de Ta main divine
et à sa vue, aussitôt, je me suis relevé tout joyeux,
car elle brillait plus claire que le soleil.
Je me suis efforcé de la saisir, malheureux
[que j'étais,
et aussitôt elle a disparu à mes yeux,
et je me suis trouvé tout entier dans l'obscurité.
Je suis tombé à terre, gémissant et pleurant,
en me roulant, en me lamentant de toutes
[mes forces
dans mon désir de voir Ta main divine.

Tu l'as tendue, elle m'est apparue plus
[clairement ;

je l'ai étreinte et couverte de baisers
– ô douceur, ô excès de miséricorde :
le Créateur m'a donné Sa main à baiser,
Sa main dont la vigueur soutient l'univers,
ô faveur, ô don inexprimable !

Mais à nouveau celui qui m'a modelé l'a retirée,
à coup sûr, pour éprouver mon ardeur,
(pour voir) si je la désire, elle et celui qui me la
[donne,
si je méprise toute chose et la préfère,
elle, (à tout le reste) et demeure en son amour.

Aussitôt je laissai le monde et les choses
[du monde,
je fermais en même temps tous mes sens :
yeux, oreilles, narines, bouche et lèvres,
je mourus à tous mes proches et amis
– oui, en vérité, je mourus par le désir –
et recherchais uniquement la main de Dieu ;
elle, de son côté, en me voyant agir ainsi,
toucha doucement ma main, me saisit
et se mit à me guider au milieu de l'obscurité
[où je me trouvais.
Je la sentais et je suivais plein de joie,
je courais de toutes mes forces, la nuit et le jour,
je marchais avec courage, plein d'ardeur,
et, tout en marchant, je me trouvais à nouveau
[immobile,
et c'est alors que j'avançais le plus vite ;
– ô mystère, ô récompenses, ô couronnes !

Tandis que je courais ainsi au milieu du stade,
secrètement cette main m'avait devancé ;
à la prière de mon Père saint,

elle toucha ma tete misérable
et me donna la couronne de la victoire,
ou plutôt ce fut elle qui devint pour moi
[couronne,
et à sa vue, quelle indicible jouissance,
indicible joie, indicible volupté
je ressentis ! Et pourquoi pas ? n'avais-je pas
[vaincu le monde entier
et couvert de confusion le prince du monde,
n'avais-je pas reçu de la main de Dieu
[une couronne divine
ou plutôt en guise de couronne,
la main même – ô merveille – du Maître
[de l'Univers,
qui se faisait voir, brillant immatériellement,
sans éclipse et sans couchant, à mes yeux ?

Elle se tendait à moi, tel un sein,
et me donnait à téter, à profusion,
comme à un fils de Dieu, le lait de l'incorruption,
– ô douceur, ô volupté indicible !

Elle se faisait pour moi coupe
d'une boisson divine, d'un flot immortel,
et en y buvant je fus aussi comblé
[de la nourriture
céleste, dont les anges seuls
se nourrissent...

IV

« Qui possède Dieu
Ne manque de rien
Dieu seul suffit. »

SAINTE THÉRÈSE D'AVILA

RÂBI'A BINT ISMÂIL AL'ADAWIYA

Irak, 713-801

« *Ô mon Dieu, Tu me suffis* »

Ô mon Dieu, tout ce que Tu m'as réservé en fait de choses terrestres, donne-les à Tes ennemis ; et tout ce que Tu m'as réservé dans le monde à venir, donne-le à Tes amis ; car Tu me suffis.

Ô mon Dieu, si je T'adore par crainte de l'enfer, brûle-moi en enfer, et si je T'adore par espoir du paradis, exclue-moi du paradis ; mais si je T'adore uniquement pour Toi-même, ne me prive pas de Ta beauté éternelle.

Ô mon Dieu, ma seule occupation et tout mon désir en ce monde, de toutes les choses créées, c'est de me souvenir de Toi, et dans le monde à venir, de toutes les choses du monde à venir, c'est de Te rencontrer. Il en est pour moi ainsi que je l'ai dit ; mais Toi, fais tout ce que Tu veux.

JEAN LE JAU

France, XVIe-XVIIe siècle

« *Mon Dieu m'est tout* »

Je ne veux rien et je veux toute chose,
Mon Dieu m'est tout sans luy tout ne m'est rien,
Ostez moy tout, donnez moy ce seul rien
Et j'auray tout, n'ayant aucune chose.

Ô sainct amour qui les vouloirs transforme
Des vrays amans, puis qu'avez tel pouvoir,
Embrasez moy et rendez mon vouloir,
Au sainct vouloir de mon Seigneur conforme.

Je t'ay cherchée et plus que moy prisée,
Je t'ay lavée en mon sang précieux,
Que crains-tu plus ? eslève à moy tes yeux
Tu trouveras une paix asseurée.

Qui estes vous, ô désir de mon âme,
Où estes vous, ô désir de mon cœur,
Voyez hélas ! ceste bruslante ardeur
Qui du désir de vous mon cœur enflame.

Ô chastes cœurs, qui de l'ardente flame
D'un sainct amour estes tous embrasez,

Adressez moy, dictes, si vous sçavez,
Où est mon Dieu, le seul bien de mon âme.

Je n'ay qu'un cœur, à Luy seul je le donne ;
Il m'a donné premièrement le Sien,
C'est bien raison qu'à Luy seul soit le mien,
C'est donc à Vous, mon Dieu, que je le donne.

SAINTE THÉRÈSE DE LISIEUX

France, 1873-1897

Ma Joie !

Il est des âmes sur la terre
Qui cherchent en vain le bonheur
Mais pour moi, c'est tout le contraire
La joie se trouve dans mon cœur
Cette joie n'est pas éphémère
Je la possède sans retour
Comme une rose printanière
Elle me sourit chaque jour.

Vraiment je suis par trop heureuse,
Je fais toujours ma volonté...
Pourrais-je n'être pas joyeuse
Et ne pas montrer ma gaîté ?...
Ma joie, c'est d'aimer la souffrance,
Je souris en versant des pleurs
J'accepte avec reconnaissance
Les épines mêlées aux fleurs.

Lorsque le Ciel bleu devient sombre
Et qu'il semble me délaisser,

Ma joie, c'est de rester dans l'ombre
De me cacher, de m'abaisser.
Ma joie, c'est la Volonté Sainte
De Jésus mon unique amour
Ainsi, je vis sans nulle crainte
J'aime autant la nuit que le jour.

Ma joie, c'est de rester petite
Aussi quand je tombe en chemin
Je puis me relever bien vite
Et Jésus me prend par la main
Alors le comblant de caresses
Je Lui dis qu'Il est tout pour moi
Et je redouble de tendresses
Lorsqu'Il se dérobe à ma foi.

Si parfois je verse des larmes
Ma joie, c'est de les bien cacher
Oh ! que la souffrance a de charmes
Quand de fleurs on sait la voiler !
Je veux bien souffrir sans le dire
Pour que Jésus soit consolé
Ma joie, c'est de le voir sourire
Lorsque mon cœur est exilé...

Ma joie, c'est de lutter sans cesse
Afin d'enfanter des élus.
C'est le cœur brûlant de tendresse
De souvent redire à Jésus :
« Pour Toi, mon Divin petit Frère
« Je suis heureuse de souffrir
« Ma seule joie sur cette terre
« C'est de pouvoir Te réjouir.

« Longtemps encore je veux bien vivre
« Seigneur, si c'est là Ton désir
« Dans le Ciel je voudrais Te suivre
« Si cela Te faisait plaisir.
« L'amour, ce feu de la Patrie
« Ne cesse de me consumer
« Que me font la mort ou la vie ?
« Jésus, ma joie, c'est de T'aimer ! »

LA BIBLE

1000 av. J.-C.-100 ap. J.-C.

Psaume 83

Que Tes demeures sont aimables,
Seigneur des armées !
Mon âme languissante se consume à soupirer
après les parvis du Seigneur.
Mon cœur et ma chair
tressaillent vers le Dieu vivant.

Le passereau même trouve un abri,
l'hirondelle fait un nid où mettre ses petits.
Ah ! Tes autels, Seigneur des armées,
mon roi et mon Dieu !
Heureux ceux qui habitent dans Ta maison.
Seigneur, ils Te bénissent à jamais.

Heureux l'homme qui trouve en Toi sa force,
qui prend à cœur Ton saint pèlerinage.
Quand ils traversent la vallée aride, ils en font
[un lieu de sources,
et la pluie d'automne vient la couvrir
[de bénédictions.
Leur vigueur augmente à mesure qu'ils
[avancent ;

car ils verront bientôt le Dieu des dieux
[dans Sion.

Seigneur, Dieu des armées, écoute ma prière,
prête l'oreille, ô Dieu de Jacob.
Ô notre Dieu, notre bouclier, regarde,
vois la face de celui qui T'est consacré.
Vraiment, un jour dans Tes parvis
vaut mieux que mille ailleurs.
Je préfère me tenir sur le seuil de la maison
[de mon Dieu
plutôt que d'habiter sous les tentes des pécheurs,
car le Seigneur Dieu est notre rempart et notre
[bouclier,
le Seigneur donne la grâce et la gloire.
Il ne refuse aucun bien
à ceux qui marchent dans l'intégrité.
Ô Seigneur des armées,
heureux l'homme qui met en Toi sa confiance.

SAINTE THÉRÈSE D'AVILA

Espagne, 1515-1582

Je suis Vôtre

Je suis Vôtre ; pour Vous, je suis née ;
Que voulez-Vous faire de moi ?
Majesté souveraine,
Éternelle Sagesse,
Bonté si bonne pour mon âme ;
Dieu, l'Être un, Bonté sublime !
Voyez l'extrême vileté
Qui Vous chante aujourd'hui son amour.
Que voulez-Vous de moi, Seigneur ?

Je suis Vôtre, par Vous créée ;
Vôtre, par Vous suis rachetée,
Vôtre, puisque Vous me souffrez,
Vôtre, car Vous m'avez appelée,
Vôtre, Vous m'avez attendue.
Vôtre, puisque je ne suis pas perdue,
Que voulez-Vous faire de moi ?

[...]

Vous le voyez, voici mon cœur,
Je le dépose en Votre main,
Avec mon corps, ma vie, mon âme ;

Mes entrailles, mon affection.
Ô Doux Époux, mon Rédempteur
Puisque pour être à Vous, je me suis offerte,
Que voulez-Vous faire de moi ?

Donnez-moi la mort ou la vie
Donnez santé ou maladie,
Donnez l'honneur ou les affronts,
Donnez la guerre ou une paix accrue,
Faiblesse ou force accomplie,
À tout cela je dirai « oui ».
Que voulez-Vous faire de moi ?

Donnez richesse ou pauvreté,
Réconfort ou désolation ;
Donnez-moi la joie, la tristesse,
Donnez-moi l'enfer ou le ciel,
Vie douce et soleil sans voile,
Puisque toute à vous je me rends
Que voulez-Vous faire de moi ?

[...]

Donnez-moi donc la sagesse
Ou, pour Votre amour, l'ignorance ;
Donnez-moi années d'abondance,
Ou de faim et de disette ;

Donnez ténèbres ou jour clair,
Retournez-moi ici ou là,
Que voulez-Vous faire de moi ?
Voulez-Vous que je me repose ?
Par amour, je veux le repos.
Si Vous m'ordonnez le travail,
Je veux mourir en travaillant.

Dites-moi où, comment et quand,
Dites-le-moi, mon doux amour
Que voulez-Vous faire de moi ?

Donnez-moi Calvaire ou Thabor,
Désert ou terre d'abondance,
Que je sois Job en sa douleur,
Jean, reposant sur Votre cœur,
Que je sois la vigne féconde,
Ou stérile, s'il Vous convient,
Que voulez-Vous faire de moi ?

[...]

Par le silence ou la parole,
Que je porte des fruits ou non ;
Que la Loi me montre mes plaies,
Ou l'Évangile, sa douceur,
Dans la peine ou dans la jouissance,
Vous seul, ô Dieu, vivez en moi ;
Que voulez-Vous faire de moi ?

JEAN-JOSEPH SURIN

France, 1600-1665

De l'abandon intérieur, pour se disposer à la perfection de l'Amour divin

Je veux aller courir parmi le monde,
Où je vivrai comme un enfant perdu,
J'ai pris l'humeur d'une âme vagabonde,
Après avoir tout mon bien dépendu,

Ce m'est tout un, que je vive ou je meure,
Il me suffit que l'amour me demeure.

Déchu d'honneur, d'amis, et de finances,
Amour je suis réduit à Ta merci,
Je ne puis plus mettre mon espérance,
Qu'au seul plaisir d'être à Toi sans souci.

Pauvre et content, j'irai chercher fortune,
Par un chemin que je n'ai jamais su,
J'ai pour logis la campagne commune,
Où je serai toujours le bien reçu.

Allons, Amour, allons à l'aventure,
Avec toi je n'appréhende rien,

Quelque travail que souffre la nature
Te possédant je serai toujours bien.

Si je m'en vais marchant dessus la terre,
Sans rencontrer un seul morceau de pain,
Lors je ferai comme on fait à la guerre,
S'il n'y en a, faudra mourir de faim.

Je ne veux plus ni lettres, ni science,
J'aime bien mieux demeurer ignorant
J'ai tout remis jusqu'à ma conscience,
Puisque l'Amour en veut être garant.

Si les voleurs trouvés en mon voyage,
Veulent m'ôter ce que j'aurai sur moi,
Je leur laisserai, de bon cœur mon bagage,
Et m'en irai sans peur et sans émoi.

Si quelquefois quand le soleil se couche,
Je ne suis pas au logis retiré,
Je prendrai gîte auprès de quelque souche
Content de m'être en chemin égaré.

Si je me vois surpris de maladie,
Dans un buisson je prendrai mon repos,
S'il me convient d'y voir finir ma vie,
J'y laisserai pour les gages mes os.

Si mes amis les plus chers m'abandonnent,
Si mes parents m'appellent insensé,
Je chanterai pour les biens qu'ils me donnent
Pourvu qu'amour ne m'ait point délaissé.

Que s'ils me font un procès chez le juge
Au lieu de voir mon bon droit défendu,

J'aurai plaisir, et prendrai mon refuge
À voir bientôt tout mon procès perdu.

Ô doux Amour, en qui je me repose,
Que tu m'as bien de souci déchargé !
Perdre ou gagner m'est une même chose,
Depuis qu'amour mon esprit a changé.

De tous les maux je ne fais plus que rire,
Je suis exempt de crainte et de désir :
S'il faut avoir le meilleur ou le pire,
Je m'en remets à qui voudra choisir.

Si de la mer je touche le rivage,
Et que l'Amour d'y voguer m'est permis,
Dans un vaisseau sans voile et sans cordage,
J'irai partout malgré mes ennemis.

J'aime bien mieux souffrir l'injuste blâme,
De ces prudents qui craignent de périr ;
Qu'en conservant trop chèrement mon âme,
Ne rien risquer, et ne rien conquérir.

Je ne prétends avoir d'autre conquête,
En m'exposant à la rage des flots,
Que de pouvoir, nonobstant la tempête,
Prendre en amour, un paisible repos.

Allons, Amour au plus fort de l'orage,
Que l'Océan renverse tout sur moi :
J'aime bien mieux me perdre avec courage,
En Te suivant que me sauver sans Toi.

Ce m'est tout un, que je vive ou je meure,
Il me suffit que l'Amour me demeure.

HENRI FOUQUES-DUPARC

France, 1848-1933

« Tout ce qui n'est pas Vous est le néant »

Depuis que je suis né, Seigneur, Vous m'avez comblé de vos bienfaits et de grâces... Mais maintenant que j'arrive au soir de la vie, Vous me comblez encore bien davantage en me reprenant presque tout ce que Vous m'avez donné et en Vous donnant Vous-même pour me montrer le néant et l'inutilité de tout ce qui n'est pas Vous.

V

« Qui penserait à Dieu
s'il n'y avait pas de
mal au monde ? »

Simone Weil

ALFRED DE MUSSET

France, 1810-1857

L'Espoir en Dieu

Ô Toi que nul n'a pu connaître
Et n'a renié sans mentir,
Réponds-moi, Toi qui m'as fait naître,
Et demain me feras mourir !

Puisque Tu te laisses comprendre,
Pourquoi fais-Tu douter de toi ?
Quel triste plaisir peux-Tu prendre
À tenter notre bonne foi ?

Dès que l'homme lève la tête,
Il croit T'entrevoir dans les cieux :
La création, sa conquête,
N'est qu'un vaste temple à ses yeux.

Dès qu'il redescend en lui-même,
Il T'y trouve, Tu vis en lui.
S'il souffre, s'il pleure, s'il aime,
C'est son Dieu qui le veut ainsi.

De la plus noble intelligence
La plus sublime ambition

Est de prouver Ton existence,
Et de faire épeler Ton nom.

De quelque façon qu'on T'appelle,
Brahma, Jupiter ou Jésus,
Vérité, Justice éternelle,
Vers Toi tous les bras sont tendus.

Le dernier des fils de la terre
Te rend grâces du fond du cœur,
Dès qu'il se mêle à sa misère
Une apparence de bonheur.

Le monde entier Te glorifie :
L'oiseau Te chante sur son nid ;
Et pour une goutte de pluie
Des milliers d'êtres T'ont béni.

Tu n'as rien fait qu'on ne l'admire ;
Rien de Toi n'est perdu pour nous ;
Tout prie, et Tu ne peux sourire,
Que nous ne tombions à genoux.

Pourquoi donc, ô Maître suprême,
As-Tu créé le mal si grand,
Que la raison, la vertu même,
S'épouvantent en le voyant ?

Lorsque tant de choses sur terre
Proclament la Divinité,
Et semblent attester d'un père
L'amour, la force et la bonté,

Comment, sous la sainte lumière,
Voit-on des actes si hideux,

Qu'ils font expirer la prière
Sur les lèvres du malheureux ?

Pourquoi, dans Ton œuvre céleste,
Tant d'éléments si peu d'accord ?
À quoi bon le crime et la peste ?
Ô Dieu juste ! pourquoi la mort ?

Ta pitié dut être profonde
Lorsqu'avec ses biens et ses maux,
Cet admirable et pauvre monde
Sortit en pleurant du chaos.

Puisque Tu voulais le soumettre
Aux douleurs dont il est rempli,
Tu n'aurais pas dû lui permettre
De T'entrevoir dans l'infini.

Pourquoi laisser notre misère
Rêver et deviner un Dieu ?
Le doute a désolé la terre ;
Nous en voyons trop ou trop peu.

Si Ta chétive créature
Est indigne de T'approcher,
Il fallait laisser la nature
T'envelopper et Te cacher.

Il Te resterait Ta puissance,
Et nous en sentirions les coups :
Mais le repos et l'ignorance
Auraient rendu nos maux plus doux.

Si la souffrance et la prière
N'atteignent pas Ta majesté,

Garde Ta grandeur solitaire ;
Ferme à jamais l'immensité.

Mais si nos angoisses mortelles
Jusqu'à Toi peuvent parvenir ;
Si, dans les plaines éternelles,
Parfois Tu nous entends gémir,

Brise cette voûte profonde
Qui couvre la création ;
Soulève les voiles du monde,
Et montre-Toi, Dieu juste et bon.

Tu n'apercevras sur la terre
Qu'un ardent amour de la foi,
Et l'humanité tout entière
Se prosternera devant Toi.

Les larmes qui l'ont épuisée
Et qui ruisselaient de ses yeux,
Comme une légère rosée
S'évanouiront dans les cieux.

Tu n'entendras que Tes louanges,
Qu'un concert de joie et d'amour,
Pareil à celui dont Tes anges
Remplissent l'éternel séjour ;

Et dans cet hosanna suprême,
Tu verras, au bruit de nos chants
S'enfuir le doute et le blasphème,
Tandis que la Mort elle-même
Y joindra ses derniers accents.

AVESTA
Iran

Gâthâ dit « Les questions au Seigneur * »

... Voici ce que je Te demande,
Seigneur – réponds-moi bien :
qui a été, à la naissance,
le père premier de la Justice ?
Qui a assigné leur chemin
au soleil et aux étoiles ?
Qui est celui, si ce n'est Toi,
par qui la lune croît et décroît ?
Voilà ce que je veux savoir,
ô Sage, et d'autres choses !...

Voici ce que je Te demande,
Seigneur – réponds-moi bien :
si les choses sont telles que je veux les proclamer,
est-ce que la Dévotion secondera par ses actes
[la Justice ?

Voici ce que je Te demande,
Seigneur – réponds-moi bien :
pour que je fasse ma sagesse
de Ton enseignement, ô Sage,

et des paroles que j'aurai obtenues de la Bonne
[Pensée,
et que je sache ce qui,
dans l'existence, est conforme à la Justice.
de quelle façon mon âme.
parvenue au Bien, sera-t-elle ravie ?

Voici ce que je Te demande,
Seigneur – réponds-moi bien :
comment nous débarrasserons-nous du mal
en le rejetant sur ceux qui,
pleins d'indiscipline,
n'ont garde de suivre la Justice
et ne se soucient pas
de consulter la Bonne Pensée ?

Voici ce que je Te demande,
Seigneur – réponds-moi bien :
comment livrerai-je le mal
aux mains de la Justice
pour qu'elle l'abatte
selon les formules de la doctrine ?...

* L'Hymne adressé à Ahura Mâzdâ, qui est, dans le panthéon iranien, le dieu suprême, créateur et principe du bien. Les Gâthâs, hymnes attribués au prophète Zarathoustra, forment l'essentiel de l'Avesta, principal livre religieux du zoroastrisme.

Voir aussi la note page 151.

AL-HALLÂJ*

Iran, 857-922

Pardonne-leur

Mon Dieu, donne-moi de Te rendre grâce
[de la faveur que Tu m'as accordée
Ce sont Tes serviteurs qui se sont réunis
[pour me tuer
par zèle pour Ton culte et pour se rapprocher
[de Toi.
Pardonne-leur.
Si Tu leur avais fait connaître ce que Tu m'as
[fait connaître
ils n'auraient pas agi ainsi.
Et si Tu avais caché à mes regards ce que Tu as
[dérobé aux leurs,
je ne souffrirais pas l'épreuve dont je souffre.
Louange à Toi pour ce que Tu fais.
Louange à Toi pour Ta volonté.

* Al-Hallâj est un célèbre mystique musulman, emprisonné pour ses convictions religieuses, que ses geôliers torturèrent pendant plusieurs années avant de le décapiter.

JEAN-JACQUES ROUSSEAU
France, 1712-1778

« *J'anéantis ma faible raison devant Ta justice* »

Ô Être clément et bon ! quels que soient Tes décrets, je les adore ; si Tu punis les méchants, j'anéantis ma faible raison devant Ta justice. Mais si les remords de ces infortunés doivent s'éteindre avec le temps, si leurs maux doivent finir, et si la même paix nous attend tous également un jour, je T'en loüe. Le méchant n'est-il pas mon frère ? Combien de fois j'ai été tenté de lui ressembler ? Que délivré de sa misère il perde aussi la malignité qui l'accompagne, qu'il soit heureux ainsi que moi ; loin d'exciter ma jalousie, son bonheur ne fera qu'ajouter au mien.

VI

« Mon Dieu, mon Dieu, pourquoi m'as-Tu abandonné ? »

Psaume 22

TOUKÂRÂM

Inde, 1598-1650

« Où Te caches-Tu ? »

Où Te caches-Tu ?
Qui as-Tu couru secourir ?
Dors-Tu mon Dieu ?

Où Te caches-Tu ?
Quel appel d'amour Te retient ?
Ne peux-Tu t'arracher au visage des bergères ?

De qui consoles-Tu les peines ?
Serait-ce la longueur du chemin
qui retarde Ton arrivée ?

Mes manquements, mes défauts
auraient-ils provoqué Ta colère ?
Ô Maître du destin !

Dis-moi : qu'as-Tu écrit sur mon front ?
Tout ce qui me reste de vie, dit Toukâ,
est dans mes yeux.

LA BIBLE

1000 av. J.-C. – 100 ap. J.-C.

Psaume 12

Jusques à quand, Yahvé, m'oublieras-Tu ?
[jusqu'à la fin ?
jusques à quand me vas-Tu cacher Ta face ?
jusques à quand mettrai-je en mon âme
[la révolte,
en mon cœur le chagrin, de jour et de nuit ?
Jusques à quand mon adversaire aura-t-il
[le dessus ?
Regarde, réponds-moi, Yahvé mon Dieu !
Illumine mes yeux, que dans la mort
[je ne m'endorme.

Que l'adversaire ne dise : « Je l'emporte sur lui »,
que mes oppresseurs n'exultent à me voir
[chanceler !
Pour moi, en Ton amour je me confie ;
que mon cœur exulte, admis en Ton salut,
que je chante à Yahvé pour le bien qu'Il m'a fait
que je joue pour le nom de Yahvé le Très-Haut !

ANNA DE NOAILLES

France, 1876-1933

« Si Vous parliez, Seigneur... »

Si Vous parliez, Seigneur, je Vous entendrais bien,
Car toute humaine voix pour mon âme s'est tue,
Je reste seule auprès de ma force abattue,
J'ai quitté tout appui, j'ai rompu tout lien.

Mon cœur méditatif et qui boit la lumière
Vous aurait absorbé, si, transgressant les lois,
Comme le vent des nuits qui pénètre les pierres
Votre verbe enflammé fût descendu sur moi !

Nul ne Vous souhaitait avec tant d'indigence :
Je Vous aurais fêté au son du tympanon
Si j'avais, dans mon triste et studieux silence,
Entendu Votre voix et connu Votre nom.

Mais jamais rien à moi ne Vous a révélé,
Seigneur ! ni le ciel lourd comme une eau
[suspendue ;
Ni l'exaltation de l'été sur les blés,
Ni le temple ionien sur la montagne ardue ;

Ni les cloches qui sont un encens cadencé,
Ni le courage humain, toujours sans récompense,

Ni les morts, dont l'hostile et pénétrant silence
Semble un renoncement invincible et lassé ;

Ni ces nuits où l'esprit retient comme une preuve
Son aspiration au bien universel ;
Ni la lune qui rêve, et voit passer le fleuve
Des baisers fugitifs sous les cieux éternels.

Hélas ! ni les matins de ma brûlante enfance,
Où, dans les prés gonflés d'un nuage d'odeur,
Je sentais, tant l'extase en moi jetait sa lance,
Un ange dans les cieux qui m'arrachait le cœur !

ANONYME (NEGRO SPIRITUAL)

États-Unis, XXᵉ siècle

Si Tu n'peux pas venir

Si Tu n'peux pas venir
Parmi ceux qui T'réclament,
Mon Dieu, envoie Ton ange,
Qu'il vienne chercher mon âme,
Qu'il me ramène aux cieux,
Aussi vite que Tu peux,
Mon Dieu !

Si Tu n'peux pas venir
Consoler nos malheurs,
Mon Dieu, envoie Ton ange,
Envoie-le à minuit,
Envoie-le au matin,
Envoie-le quand l'jour meurt,
Seigneur !

Si Tu n'peux pas venir
Pour guérir nos misères,
Mon Dieu, envoie Ton ange,
Envoie-le sur l'éclair,
Envoie-le dans l'tonnerre,
Ou dans l'rayon d'lumière,

Aussi vite que Tu peux,
        Mon Dieu !

Si Tu n'peux pas venir,
Si T'es vraiment trop loin,
Mon Dieu, envoie Ton ange,
Pour qu'il soit Ton témoin,
Pour qu'il soit not'Sauveur,
Au milieu d'ceux qui pleurent,
        Seigneur !

Traduction de
Marguerite Yourcenar

SÖREN KIERKEGAARD

Danemark, 1813-1855

« *Quand Tu gardes le silence...* »

Père céleste ! Tu parles à l'homme de bien des manières ; Toi à qui seul appartiennent la sagesse et l'entendement, Tu veux pourtant Te faire comprendre de lui. Et même quand Tu gardes le silence, Tu lui parles encore. Bénis donc aussi ce silence comme chacune de Tes paroles à l'homme ; veuille qu'il n'oublie jamais que Tu parles aussi alors que Tu te tais ; donne-lui cette consolation, s'il s'attend à Toi, que Tu te tais par amour comme Tu parles par amour, de sorte que dans Ton silence comme dans Ta parole Tu es cependant le même Père, le même amour paternel, soit que Tu guides par Ta voix, ou que Tu instruises par Ton silence.

VII

« L'homme est ce qu'il fait de sa mort. »

Paul Evdokimov

PRIÈRE RITUELLE

Congo

Chant funèbre

Ô Grand Nzambi*, Ta création est bonne, mais Tu nous causes une grande douleur par la mort. Tu aurais dû T'arranger pour que nous ne soyons pas soumis à la mort. Ô Nzambi, nous sommes dans une grande tristesse.

* Nzambi est le créateur et dieu suprême chez certains peuples de l'Afrique centrale.

VEDA

Inde antique

« Ne lésez pas notre temps de vie à mi-route ! »

Cent automnes sont devant nous, ô dieux, en lesquelles vous avez mis la vieillesse des corps, par lesquelles vous avez fait que les fils deviennent des pères. Ne lésez pas notre temps de vie à mi-route !

JOACHIM DU BELLAY

France, 1522-1560

Le vendredi saint

Voici le jour que l'éternel amant
Fit par sa mort vivre sa bien-aimée :
Qui telle mort au cœur n'a imprimée,
Ô Seigneur Dieu ! est plus que diamant !

Mais qui pourra sentir ce doux tourment,
Si l'âme n'est par l'auteur enflammée ?
Souffle-lui donc, pour la rendre allumée,
L'esprit divin de ton feu véhément.

Pleurez, mes yeux, de sa mort la mémoire,
Chantez, mes vers, l'honneur de sa victoire,
Et toy, mon cœur, fais-lui ton dû hommage.

Ô que mon Roy est invincible et fort !
Ô qu'Il a fait grand gain de son dommage
Qui en mourant triomphe de la mort !

ROMANOS LE MÉLODE

Syrie, VIe siècle

Hymne de la Passion (extraits)

La tyrannie de la haine est brisée, les larmes
[d'Ève sont taries,
Par l'effet de Votre Passion, ô Ami de l'homme,
[Christ Dieu ;
Par elle, le mort retrouve la vie,
Par elle, le larron obtient un refuge. Seul Adam
[se réjouit.

Ô Ciel, sois dans la stupeur ! Ô Terre, sombre
[dans le chaos !
Ô soleil, ne t'aventure pas à regarder ton maître
Pendant, par sa volonté, au bois de la Croix.

Que les rochers se fondent !
Car le rocher de la vie est aujourd'hui blessé
[par les clous.
Que le voile du Temple se déchire,
Car le corps du Seigneur est transpercé d'une
[lance par les criminels.
Oui, que toute la création, au spectacle
[de la Passion du Christ,
Tremble et gémisse. Seul Adam se réjouit.

Vous avez pris, ô mon Sauveur, ma nature pour
[que j'obtienne la Vôtre,
Vous avez accepté la Passion pour que
[maintenant
Je mortifie mes passions ; par Votre mort je revis.
Vous avez été mis au tombeau
Et Vous m'avez donné pour séjour le paradis
En descendant aux abîmes Vous m'avez exalté
En détruisant les portes de l'enfer, Vous m'avez
[ouvert les portes du Ciel ;

Vous avez tout enduré à cause de l'homme
[pécheur,
Vous avez tout souffert, pour la réjouissance
[d'Adam.

Vous qui tenez dans votre main le globe
[de la terre,
Les impies Vous ont pris, ils ont amené
Dans la cour de Caïphe Celui que l'univers
[ne peut enfermer.
Le Rédempteur est flagellé, le Libérateur
[enchaîné :
Il est étendu nu contre une colonne.
Celui qui jadis dans une colonne de nuée, parlait
[à Moïse et à Aaron.
Celui qui a posé les colonnes de la terre,
Comme le dit David, est lié à une colonne.
Celui qui a montré au peuple son chemin
[dans le désert,
Quand apparaissait devant lui la colonne
flamboyante, est enchaîné à une colonne.
Le rocher est sur la colonne, et la pierre
[est taillée
– L'Église –, pour qu'Adam se réjouisse...

L'homme terrestre mourait de soif, consumé
[par la chaleur,
Il errait dans le désert, dans les lieux sans eau,
Et, malheureux, ne trouvait pas de quoi étancher
[sa soif...

Alors, mon Sauveur,
Fontaine des biens, fit jaillir les flots de la vie,
En criant : « C'est de ton flanc qu'est née la soif. »
Double est le torrent qui en jaillit : il lave
[et il abreuve
Ceux qui se sont souillés, pour qu'Adam
[se réjouisse...
Chante-Le, ô homme terrestre, exalte Celui qui
[a souffert
Et qui est mort pour toi, et, quand, vivant,
Il t'apparaîtra bientôt, accueille-le dans ton âme.
Car le Christ doit se lever
Du tombeau, et te renouveler, ô homme.
Prépare donc pour Lui une âme pure,
Afin que, en l'habitant, ton Roi en fasse le Ciel.
Encore un peu de temps, et Il viendra remplir
[de joie
Les affligés, pour qu'Adam se réjouisse.

ALAIN BOSQUET

France, 1919-1998

« *Ne Te suicide pas, Seigneur* »

Ne Te suicide pas, Seigneur, voici qu'apparaît une
orchidée parmi les ruines ;
ne Te suicide pas, Seigneur, voici que renaît le ruisseau dans le cratère d'une bombe ;
ne Te suicide pas, Seigneur, le ciel a mis du givre sur sa balafre, l'océan a guéri sa blessure d'un bandage de corail.
Écoute, Seigneur, Ton univers qui était enfantin comme le cartilage, le voilà revenu de sa première fougue, de sa plus grande désobéissance ;
les comètes continuent de voyager, comme des berlines après une halte au carrefour de deux paniques ;
l'azur n'en est que plus profond, d'avoir été un peu rapace ;
l'aurore n'en est que plus belle, d'avoir failli ne jamais revenir.
Tout n'a pas tellement changé, Seigneur :
regarde ce hameau, combien de cascades pourraient naître dans sa mare, combien de peupliers dans son ortie !
Tout n'a pas tellement souffert, Seigneur :

déjà l'épi de blé pousse dans l'orbite de ceux qui moururent de faim,
déjà les fillettes sautent à la corde sous les ombres de ceux que l'on décapita.
Tout n'est pas tellement tragique, Seigneur,
puisqu'il y a la route sans fin où même l'exil est oublié, puisqu'il y a le vent si doux que même les soupirs y sont joyeux,
puisqu'il y a tout ce qui hurle l'immense plaisir d'être vivant.

PIERRE TEILHARD DE CHARDIN

France, 1881-1955

« *Mon heure étant venue* »

Mon heure étant venue, lorsque sur mon corps (et bien plus sur mon esprit) commencera à marquer l'usure de l'âge ; quand fondra sur moi du dehors, ou naîtra en moi, du dedans, le mal qui amoindrit ou emporte ; à la minute douloureuse où je prendrai tout à coup conscience que je suis malade ou que je deviens vieux ; à ce moment dernier, surtout, où je sentirai que je m'échappe à moi-même, absolument passif aux mains des grandes forces inconnues qui m'ont formé ; à toutes ces heures sombres, donnez-moi, mon Dieu, de comprendre que c'est Vous (pourvu que ma foi soit assez grande) qui écartez douloureusement les fibres de mon être pour pénétrer jusqu'aux moelles de ma substance, pour m'emporter en Vous.

Ô Énergie de mon Seigneur, Force irrésistible et vivante, parce que, de nous deux, Vous êtes le plus fort infiniment, c'est à Vous que revient le rôle de me brûler dans l'union qui doit nous fondre ensemble. Donnez-moi donc quelque chose de plus précieux encore que la grâce pour laquelle Vous prient tous Vos fidèles. Ce n'est pas assez que je meure en communiant. Apprenez-moi à communier en mourant.

GHAZÂLI

Khorassan, 1058-1111

« *Abraham et la mort* »

Abraham dit à l'Ange de la Mort qui venait prendre possession de son souffle de vie :

« As-tu jamais vu deux amis dont l'un fait mourir l'autre ? »

Le Dieu Très-Haut lui répondit dans une révélation :

« As-tu déjà vu quelqu'un qui aime, éprouver de la répugnance à rencontrer son Bien-Aimé ?

– Ange de la Mort, s'écria Abraham, prends mon souffle de vie à l'instant même. »

SAINTE THÉRÈSE D'AVILA

Espagne, 1515-1582

Cantique

Je vis, mais hors de moi ravie,
J'attends en Dieu si haute vie,
Que je meurs de ne point mourir !

Dans cette union souveraine
Je ne vis qu'en mon doux Sauveur !
Je L'aime, et mon amour L'enchaîne ;
Mon Captif rend libre mon cœur.
Quoi ! Lui prisonnier de mon âme !
C'est trop ! je ne Le puis souffrir ;
De trop d'amour mon cœur s'enflamme,
Je me meurs de ne point mourir !

Ô ciel ! que longue est cette vie !
Exil, que tes maux sont amers !
Quelle prison ! je meurs d'envie
De voir enfin briser mes fers.
Mais, ô déchirante pensée !
Cet exil est loin de finir !
De quel glaive je suis percée !
Je me meurs de ne point mourir !

D'amertume ma vie est pleine,
Ne Te possédant pas, Seigneur !

Et si l'amour charme ma peine,
Que l'attente est dure à mon cœur !
Ôte-moi ce poids de tristesse,
Mon Dieu, je me sens défaillir !
Ah ! n'accable pas ma faiblesse !
Je me meurs de ne point mourir !

Exil cruel, oui, je t'endure
Dans l'espoir de mourir un jour !
La mort, la mort seule m'assure
La Vie, objet de mon amour.
Ô mort qui me donne la vie,
Je t'attends, comble mon désir !
Oh ! viens, viens m'ouvrir la patrie !
Je me meurs de ne point mourir !

De l'amour vois sur moi l'empire.
Ô vie, et calme mes tourments ;
Vois, pour vivre il faut que j'expire,
Brise donc la chaîne du temps !
Tu peux venir, ô mort que j'aime !
De tous mes fers viens m'affranchir !
Viens avec ton charme suprême !
Je me meurs de ne point mourir !

Ah ! la vraie et l'unique vie
Est celle dont on vit au ciel,
Quand par la mort l'âme affranchie
Vit au sein du Verbe éternel !
Ô mort, seconde mon attente,
À mon exil viens me ravir ;
J'ai soif de vivre, et vis mourante !
Je me meurs de ne point mourir !

Au Dieu qui me donne sa vie
Que puis-je donner en retour ?
Vie, il faut t'offrir en hostie,
Pour jouir de ce Dieu d'amour.
Puisque la mort seule me donne
L'unique objet de mon désir,
Vie, il faut que je t'abandonne !
Je me meurs de ne point mourir !

Absente de Toi, Dieu de vie,
Qu'est-ce que ma vie ici-bas ?
C'est un supplice, une agonie,
C'est le plus affreux des trépas !
Non, rien n'égale ce martyre ;
Et rien ne saurait l'adoucir !
Vers le ciel en vain je soupire !
Je me meurs de ne point mourir !

Le poisson que du fleuve on tire
Voit du moins finir son tourment :
Pour qui sans trop attendre expire,
Ah ! que le trépas est charmant !
Mais quelle mort est comparable
À la vie où je dois languir ?
Cruel exil, vie effroyable !
Je me meurs de ne point mourir !

Oui, Ton avant-goût me soulage,
Quand je T'adore sur l'autel ;
Mais, grand Dieu ! pourquoi ce nuage ?
Pourquoi ne pas Te voir au ciel ?
Loin de Toi, de la cité sainte,
Tout m'accable et me fait gémir !
Je ne puis qu'exhaler ma plainte !
Je me meurs de ne point mourir !

Te voir un jour dans la patrie,
Pour moi quel espoir, ô Seigneur !
Mais je puis Te perdre, ô ma Vie,
Quel double glaive pour mon cœur !
Cet effroi, cette vive attente,
Tour à tour me font tressaillir !
Dieu ! prends pitié de Ton amante.
Je me meurs de ne point mourir !

Ah ! termine cette agonie !
Arrache-moi de ce séjour !
Vers Toi je m'élance, ô ma Vie !
Brise ma chaîne, ô Dieu d'amour !
Je veux Te voir, Beauté suprême !
Je le veux ! j'en meurs de désir !
Je ne vis plus, ô Dieu que j'aime !
Je me meurs de ne point mourir !

Je vais pleurer ma mort cruelle,
Et gémir sur mon triste sort !
Loin des cieux, ô Vie immortelle,
Mes péchés m'enchaînent encore !
Ô mon Dieu ! quand viendra donc l'heure ?
Et quand sera vrai ce soupir :
Ah ! que pour Toi d'amour je meure !
Je me meurs de ne point mourir !

VIII

« Venez à Moi, vous tous qui peinez, ployant sous le fardeau, et Moi, Je vous soulagerai. »

JÉSUS-CHRIST, ÉVANGILE SELON SAINT MATHIEU (11, 28)

BOULAT OKOUDJAVA

Russie, 1924-1997

*La prière de François Villon**

Tant que la terre tourne encore,
  tant que le jour a de l'éclat,
Seigneur, donne à chacun de nous
  ce qu'il n'a pas :
Donne au sage une tête, un cheval au peureux,
Donne à l'homme heureux de l'argent...
  et pense à moi un peu.

Tant que la terre tourne encore, Seigneur,
  elle est en Ton pouvoir !
Donne à qui veut régner l'ivresse du pouvoir,
Donne, au moins jusqu'au soir,
  repos au généreux,
À Caïn le remords...
  et pense à moi un peu.

Je sais : pour Toi tout est possible, et je crois
  [en Ton sage esprit,
Comme un soldat mourant croit
  en Ton Paradis,
Comme croit chaque oreille à Tes propos
  [de paix.

Comme à soi-même on croit, sans savoir ce qu'on
[fait !

Seigneur Dieu, mon Seigneur, Toi dont l'œil vert
[rayonne,
Tant que la terre tourne encore
et soi-même s'étonne,
Tant qu'il lui reste encore et du temps et du feu,
Donne à chacun sa part...
et pense à moi un peu.

* Le poète attribue cette prière à F. Villon dans le seul but de ne pas se heurter à la censure soviétique.

PRIÈRE LITURGIQUE ORTHODOXE

Syrie

« *Par le secours de Ta miséricorde, Seigneur* »

Par le secours de Ta miséricorde, Seigneur,
accorde en Ta bonté,
la libération des opprimés,
la délivrance des prisonniers,
le soulagement des affligés,
la guérison des malades,
le retour de ceux qui sont loin.

Accorde, Seigneur, en Ta bonté
la santé à ceux qui sont proches,
le pardon aux pécheurs,
l'accueil aux pénitents,
le bonheur aux justes,
aux pauvres ce dont ils ont besoin,
un chemin droit pour ceux qui s'égarent,
le retour des exilés,
le souvenir des défunts,
miséricorde et clémence pour toutes les
[créatures.

Accorde-nous, ainsi qu'à tous les hommes,
ce qui pourra nous aider,
faibles et pécheurs comme nous sommes.
Que nous soyons agréables à Ta majesté,
par Ta bonté et Ta miséricorde,
maintenant, en tout temps
et dans les siècles des siècles.

LA BIBLE

1000 av. J.-C.-100 ap. J.-C.

Psaume 90

Toi qui habites à l'abri du Très-Haut,
qui demeures à l'ombre du Tout-Puissant,
dis au Seigneur : « Tu es mon refuge
[et ma citadelle,
mon Dieu, en qui je mets ma confiance. »
C'est Lui qui te délivrera du filet de l'oiseleur
et de la peste meurtrière.
Il te couvrira de ses plumes ;
sous Ses ailes, tu trouveras un asile ;
Sa fidélité sera ton rempart.
Tu ne redouteras ni les alarmes nocturnes,
ni la flèche qui vole en plein jour,
ni la peste qui chemine au cœur des ténèbres,
ni le mal qui sévit à l'heure de midi.
1 000 hommes tomberaient à ta gauche,
et 10 000 à ta droite, que tu ne serais pas atteint.
Mais toi, de tes yeux tu pourras contempler,
et tu verras le châtiment des impies.
Car le Seigneur est ton refuge ;
tu as choisi le Très-Haut pour asile.
Aucun mal ne te touchera,
aucun fléau n'approchera de ta tente,
car à ton sujet, Il a donné consigne à Ses anges

de veiller sur toi dans toutes tes démarches.
Ils te soutiendront de leurs mains,
de peur que ton pied ne heurte une pierre.
Tu marcheras sur l'aspic et la vipère,
tu écraseras le lion et le dragon.

« Puisqu'il s'attache à moi, je le délivrerai ;
je le mettrai à l'abri puisqu'il connaît mon Nom.
Qu'il m'appelle ! Je lui répondrai,
dans la détresse je serai près de lui ;
je le délivrerai, je le couvrirai de gloire.
Il sera comblé de jours
et je lui ferai voir mon salut. »

EDITH STEIN

Allemagne, 1889-1942

« *Bénis l'esprit brisé des souffrants* »

Bénis l'esprit brisé
des souffrants,
la lourde solitude des hommes,
l'être qui ne connaît nul repos,
la souffrance qu'on ne confie
jamais à personne.

Et bénis le cortège
de ces noctambules
que n'épouvante pas le spectre
des chemins inconnus.
Bénis la misère des hommes
qui meurent en cette heure.
Donne-leur, mon Dieu,
une bonne fin.
Bénis les cœurs, Seigneur,
les cœurs amers.
Avant tout
donne aux malades
le soulagement,
enseigne l'oubli

à ceux que Tu as privés
de leur bien le plus cher.
Ne laisse personne sur la terre entière
dans la détresse.

Bénis ceux qui sont dans la joie, Seigneur,
protège-les.
Moi, Tu ne m'as jamais,
à ce jour, délivrée de la tristesse.
Elle me pèse parfois beaucoup.
Néanmoins Tu me donnes Ta force
et je peux ainsi la porter.

MÈRE TERESA

Macédoine, 1910-1997

« *Donne-leur par nos mains* »

Rends-nous dignes, Seigneur,
de servir nos compagnons,
qui à travers le monde
vivent et meurent
dans la misère et la faim.

Donne-leur par nos mains
aujourd'hui
leur pain quotidien.

Et par notre amour,
par notre compréhension,
par notre aide,
donne-leur la paix
et la joie.

Amen.

ANONYME

Kenya, XXe siècle

*Prière d'un chef en faveur de l'ethnologue Routledge**

Ô Dieu, accepte ce sacrifice, car l'homme blanc est venu à mon foyer. Quand l'homme blanc tombe malade, fais que ni lui ni sa femme ne deviennent très malades. L'homme blanc est venu chez nous de sa patrie, de l'autre côté de l'eau ; c'est un homme bon, et il traite bien les gens qui travaillent pour lui. Si l'homme blanc et sa femme tombent malades, fais qu'ils ne deviennent pas très malades, car moi et l'homme blanc nous nous sommes unis pour Te faire un sacrifice. Ne les laisse pas mourir, car nous Te sacrifions un bélier très gras. L'homme blanc est venu de très loin chez nous, et maintenant nous nous sommes entendus pour Te faire un sacrifice. Où qu'il aille, ne le laisse pas tomber malade, car il est bon et il est aussi extraordinairement riche, et je suis aussi bon et riche ; et moi et l'homme blanc nous vivons dans d'aussi bons rapports que si nous étions fils d'une même mère. Dieu, nous Te destinons un grand mouton ; l'homme blanc et sa femme et moi et mon peuple, nous allons sacrifier pour Toi sur le tronc d'un arbre un mouton, un mouton très précieux. Fais que je ne tombe pas très malade, car je lui ai appris à Te prier comme s'il était un vrai Mkikuyu.

* Prière enregistrée par Routledge lui-même.

ÉVANGILE
SELON SAINT MATTHIEU

vers 80

ÉVANGILE
SELON SAINT LUC

vers 65-70

Notre Père

Notre Père, qui es aux cieux, que Ton nom
[soit sanctifié,
que Ton règne vienne, que Ta volonté soit faite
sur la terre comme au ciel.
Donne-nous aujourd'hui notre pain de ce jour,
pardonne-nous nos offenses, comme nous
[pardonnons aussi
à ceux qui nous ont offensés.
Ne nous soumets pas à la tentation
mais délivre-nous du mal.
Car c'est à Toi qu'appartiennent
le règne, la puissance et la gloire
aux siècles des siècles.
Amen.

VEDA
Inde antique

Au soleil (extrait)

Puissions-nous, à jamais heureux par le cœur, heureux par le regard, riches en enfants, libres de mal, libres de dol, jour après jour, vivant longtemps encore, Te voir Te lever, ô puissant Mitra, Soleil !

IX

« Aie pitié de moi mon Dieu, dans Ton amour, dans Ta grande miséricorde, efface mes torts ! »

Psaume 50

PÉTRARQUE

Italie, 1304-1374

Retour à Dieu

Amour plus de vingt ans me retint dans la flamme
Où je versais, joyeux, des pleurs d'espoir mêlés ;
Et depuis que mon cœur accompagna ma dame
Dans son vol vers le ciel, dix ans sont écoulés.

Maintenant je suis las : je comprends et je blâme
Mes trop longues erreurs, mes bons désirs
[troublés ;
Et je T'offre, Seigneur, en Te livrant mon âme,
Les extrêmes moments de mes jours désolés.

Triste et me repentant de mes folles années,
Que d'un meilleur emploi mon cœur
[a détournées,
Car il fuyait la paix et ses divins appas,

Je viens Te demander que ma prison coupable
Me sauve d'un arrêt, le seul irrévocable ;
Je sais quelle est ma faute et ne l'excuse pas.

PAUL VERLAINE

France, 1844-1896

« Ô mon Dieu Vous m'avez blessé d'amour »

Ô mon Dieu, Vous m'avez blessé d'amour
Et la blessure est encore vibrante,
Ô mon Dieu, Vous m'avez blessé d'amour.

Ô mon Dieu, Votre crainte m'a frappé
Et la brûlure est encore là qui tonne,
Ô mon Dieu, Votre crainte m'a frappé.

Ô mon Dieu, j'ai connu que tout est vil
Et Votre gloire en moi s'est installée,
Ô mon Dieu, j'ai connu que tout est vil.

Noyez mon âme aux flots de Votre Vin,
Fondez ma vie au Pain de Votre table,
Noyez mon âme aux flots de Votre Vin.

Voici mon sang que je ne n'ai pas versé,
Voici ma chair indigne de souffrance,
Voici mon sang que je n'ai pas versé.

Voici mon front qui n'a pu que rougir,
Pour l'escabeau de Vos pieds adorables,
Voici mon front qui n'a pu que rougir.

Voici mes mains qui n'ont pas travaillé.
Pour les charbons ardents et l'encens rare.
Voici mes mains qui n'ont pas travaillé.

Voici mon cœur qui n'a battu qu'en vain,
Pour palpiter aux ronces du Calvaire,
Voici mon cœur qui n'a battu qu'en vain.

Voici mes pieds, frivoles voyageurs,
Pour accourir au cri de Votre grâce,
Voici mes pieds, frivoles voyageurs.

Voici ma voix, bruit maussade et menteur.
Pour les reproches de la Pénitence,
Voici ma voix, bruit maussade et menteur.

Voici mes yeux, luminaires d'erreur.
Pour être éteints aux pleurs de la prière.
Voici mes yeux, luminaires d'erreur.

Hélas ! Vous, Dieu d'offrande et de pardon.
Quel est le puits de mon ingratitude.
Hélas ! Vous, Dieu d'offrande et de pardon.

Dieu de terreur et Dieu de sainteté,
Hélas ! ce noir abîme de mon crime,
Dieu de terreur et Dieu de sainteté.

Vous, Dieu de paix, de joie et de bonheur.
Toutes mes peurs, toutes mes ignorances,
Vous, Dieu de paix, de joie et de bonheur.

Vous connaissez tout cela, tout cela.
Et que je suis plus pauvre que personne.
Vous connaissez tout cela, tout cela.

Mais ce que j'ai, mon Dieu, je Vous le donne.

SAINT ANDRÉ DE CRÈTE

Syrie, 660-740

Le Canon de repentir (extraits)*

Je gis au seuil de Ta demeure, ô mon Sauveur.
Au déclin de mes jours ne me jette pas en enfer,
bien que je sois vain et stérile.
Mais avant ma mort donne-moi
la rémission de mes péchés,
ô Toi qui aimes l'homme.

Aie pitié de moi, ô Dieu, aie pitié de moi.

Dans le vide j'ai dissipé le patrimoine de mon
[âme.
Je n'ai pas les fruits de la ferveur, et j'ai faim.
Je crie : Père plein de tendresse, viens à moi,
prends-moi dans Ta miséricorde.

Aie pitié de moi, ô Dieu, aie pitié de moi.

Je me jette à Tes pieds, Jésus,
j'ai péché contre Ton amour.
Décharge-moi de ce trop lourd fardeau
et, dans Ta miséricorde, accueille-moi.

Aie pitié de moi, ô Dieu, aie pitié de moi.

N'entre pas en jugement avec moi,
ne dévoile pas mes actions,
ne scrute pas motifs et désirs.
Mais dans Ta compassion, ô Tout-Puissant,
ferme les yeux sur mes fautes et sauve-moi.

Aie pitié de moi, ô Dieu, aie pitié de moi.

Voici le temps du repentir. Je viens à Toi.
Décharge-moi du lourd fardeau de mes péchés
et, dans Ta tendresse, donne-moi
les larmes du repentir.
Profond est le puits, mon Seigneur.
Alors fais jaillir sur moi l'eau de Ton cœur
que je la boive et n'aie plus jamais soif,
comme la Samaritaine.
Car Tu m'abreuves de Ta vie.

Que mes larmes soient pour moi une piscine
[de Siloé
où je laverai les yeux aveugles de mon âme,
pour que, guéri, je Te contemple,
Toi, Lumière éternelle.
Dans mon angoisse j'ai crié vers Toi,
Dieu compatissant.
J'ai crié du fond de l'enfer et Tu m'as entendu,
Tu libères ma vie de l'abîme.

Aie pitié de moi, ô Dieu, aie pitié de moi !

* Dans l'Église orthodoxe, le Canon est un long hymne liturgique.

PHILIPPE DESPORTES

France, 1546-1606

« *Je regrette en pleurant...* »

Je regrette en pleurant les jours mal employez
À suivre une beauté passagère et muable,
Sans m'eslever au ciel et laisser mémorable
Maint haut et digne exemple aux esprits
[desvoyez.

Toi qui dans Ton pur sang nos mesfaits as noyez,
Juge doux, bénin père et sauveur pitoyable,
Las ! Relève, ô Seigneur, un pécheur misérable
Par qui ces vrais soupirs au ciel sont envoyez.

Si ma folle jeunesse a couru mainte année
Les fortunes d'amour, d'espoir abandonnée,
Qu'au port, en doux repos, j'accomplisse
[mes jours,

Que je meure en moy-mesme, à fin qu'en Toy
[je vive,
Que j'abhorre le monde et que, par Ton secours,
La prison soit brisée où mon âme est captive !

ZOROASTRE

Iran, v. 1400-1000 av. J.-C.*

« À Ahura Mazda par trois fois je me repens... »

Ô Seigneur tout-puissant,
Ahura Mâzdâ !
Puisse l'Esprit du Mal être contenu !
puisse-t-il être repoussé !
défait !...
Que soient défaits...
le malin, les démons,
les méchants, les trompeurs,
les pécheurs, les aveugles,
les sourds, les cruels,
les mauvais, les menteurs, les tentateurs !
Que soient contenus les mauvais souverains !...
Ô Seigneur tout-puissant,
Ahura Mâzdâ,
Je m'écarte de tout péché !
Je me repens de toute mauvaise pensée,
de toute mauvaise parole,
de toute mauvaise action,
que j'ai pu avoir l'intention
de faire, de dire, de commettre !
Je me repens de tout le mal

qui a pu venir de moi...
De ces péchés
par pensées, paroles et actions,
concernant mon corps ou mon âme,
concernant ce monde-ci
ou celui de l'esprit,
je m'écarte,
demandant humblement la miséricorde,
et par trois fois je me repens...

* Des recherches linguistiques récentes sur les textes de l'Avesta, le livre sacré du zoroastrisme, ont permis de reculer l'époque au cours de laquelle Zoroastre a exercé son ministère. Longtemps cette époque se situait entre le VIIe et VIe siècle av. J.-C. Or, elle se situerait plutôt entre 1400 et 1000 av. J.-C. Il est impossible de donner avec plus de précision, la date de composition par Zarathoustra des Gâthâs, dont ce texte fait partie.

Voir aussi la note page 94.

ANONYME

Pardonne-moi mes silences

Seigneur, pardonne-nous nos silences
quand il fallait parler.

Pardonne-nous nos vaines paroles
quand il fallait agir.

Pardonne-nous d'avoir confondu
Ton Évangile avec nos sagesses.

Pardonne-nous d'avoir restreint notre service
à ceux qui nous plaisent.

Pardonne-nous notre médiocrité,
notre manque d'amour et de générosité.

Pardonne-nous nos offenses
comme nous pardonnons
à ceux qui nous ont offensés,
et apprends-nous à pardonner
sans blesser ceux que nous pardonnons.
Par le Christ, notre Sauveur. Amen.

* Texte d'origine protestante.

X

« Je suis éphémère,
rends-moi éternel ;
je suis de la terre,
rends-moi du ciel. »

IQBAL

MIKHAÏL LERMONTOV

Russie, 1814-1841

« *La voie du salut** »

Toi dont la force est sans égale,
Prends pitié, ne m'accuse pas
Si j'aime la nuit sépulcrale
Et les passions d'ici-bas,
Si je ne bois pas à la source
Où jaillit Ton verbe naissant,
Si mon esprit erre en sa course
Au loin de Toi, seul, impuissant,
Si dans ma poitrine bouillonnent
Les flots de l'inspiration,
Si les cruels tourments sillonnent
Mes yeux, voilant ma vision,
Si je suis à l'étroit sur terre,
Si je crains d'approcher, Seigneur,
Si dans mon chant rien moins qu'austère
Je ne suis pas Ton serviteur.

Mais éteins ce brasier magique
Dont la flamme a tout consumé,
Change en pierre mon cœur unique,
Retiens mon regard affamé ;
Seigneur, du chant qu'on me délivre

Et de son empire absolu,
Alors, j'irai vers Toi pour suivre
La voie étroite du salut.

* Le titre donné par Lermontov à ce texte est tout simplement *Molitva* (« Prière »).

JEAN RACINE

France, 1639-1699

Plaintes d'un chrétien sur les contrariétés qu'il éprouve au-dedans de lui-même

Mon Dieu, quelle guerre cruelle.
Je trouve deux hommes en moi :
L'un veut que, plein d'amour pour Toi,
Mon cœur Te soit toujours fidèle ;
L'autre, à Tes volontés rebelle,
Me révolte contre Ta loi.

L'un, tout esprit et tout céleste,
Veut qu'au ciel sans cesse attaché,
Et des biens éternels touché,
Je compte pour rien tout le reste ;
Et l'autre, par son poids funeste,
Me tient vers la terre penché.

Hélas ! en guerre avec moi-même,
Où pourrai-je trouver la paix ?
Je veux, et n'accomplis jamais.
Je veux ; mais (ô misère extrême !)
Je ne fais pas le bien que j'aime,
Et je fais le mal que je hais.

Ô grâce, ô rayon salutaire !
Viens me mettre avec moi d'accord,
Et domptant par un doux effort
Cet homme qui T'est si contraire,
Fais Ton esclave volontaire
De cet esclave de la mort.

Extrait du livre de J. M.Pelt "Dieu en son jardin".

on a retrouvé une lettre à Auschwitz d'un Juif qui savait la veille qu'il devait se préparer pour être brûlé le lendemain.

Alors, il écrit à Dieu et sa lettre a été retrouvée. Il dit :

« Adonaï, tu as tout fait pour que je ne crois plus en Toi mais tu n'y es pas arrivé »

SAINT FRANÇOIS D'ASSISE

Italie, 1182-1226

« *Seigneur, faites de moi un instrument de Votre paix* »

Seigneur, faites de moi un instrument
[de Votre paix.
Là où il y a la haine, que je mette l'amour,
Là où il y a l'offense, que je mette le pardon,
Là où il y a la discorde, que je mette l'union,
Là où il y a le doute, que je mette la foi,
Là où il y a l'erreur, que je mette la vérité,
Là où il y a le désespoir, que je mette l'espérance,
Là où il y a les ténèbres, que je mette
[Votre lumière,
Là où il y a la tristesse, que je mette la joie.
Faites, ô Maître, que je ne cherche pas tant à être
[consolé qu'à consoler, à être compris qu'à
[comprendre, à être aimé qu'à aimer.
Car c'est en donnant qu'on reçoit,
C'est en s'oubliant qu'on se trouve,
C'est en pardonnant qu'on est pardonné,
C'est en mourant qu'on ressuscite à l'éternelle
[vie.

Amen !

PRUDENCE

Espagne, Ve siècle

L'oiseau annonce le jour

L'oiseau vigilant nous réveille ;
et ses chants semblent chasser la nuit ;
Jésus se fait entendre à l'âme qui sommeille,
et l'appelle à la vie où Son jour nous conduit.

Quittez, dit-Il, la couche oisive
où vous ensevelit une molle langueur :
Sobres, chastes et purs, l'œil et l'âme attentive,
veillez, Je suis tout proche, et frappe
[à votre cœur.

Ouvrons donc l'œil à Sa lumière,
levons vers ce Sauveur et nos mains et nos yeux,
pleurons et gémissons ; une ardente prière
écarte le sommeil et pénètre les cieux.

Ô Christ, ô soleil de justice !
De nos cœurs endurcis romps l'assoupissement ;
dissipe l'ombre épaisse où les plonge le vice,
et que Ton divin jour y brille à tout moment.

Gloire à Toi, Trinité profonde,
Père, Fils, Esprit-Saint ; qu'on T'adore toujours,
tant que l'astre des temps éclairera le monde,
Et quand les siècles même auront fini leur cours.

Traduction de Jean Racine

ALY AMIN

Égypte, XXe siècle

Seigneur, ne me laisse pas devenir victime de l'orgueil

Seigneur, ne me laisse pas devenir
victime de l'orgueil
quand je réussis,
ou de la déception
quand j'échoue.

Apprends-moi qu'être prêt à pardonner
est l'une des plus grandes marques
de la force
et que le désir de vengeance
est l'une des manifestations
de la faiblesse.

Si j'ai blessé mon prochain,
donne-moi la force de m'excuser ;
si les gens m'ont fait du tort,
donne-moi le courage du pardon.

MARTIN LUTHER

Allemagne, 1483-1546

« *Accorde-moi de ne pas céder au mal* »

Ô Dieu, je suis sûr que Tu es vrai et que Tu ne mens jamais. Permets que je demeure ferme dans la foi et que je ne cède pas au doute. Non pas parce que ma prière est bonne, mais parce que Toi Tu es la vérité.

Ô Père, encourage et fortifie par Ta sainte Parole l'homme faible que je suis. J'ai souvent de la peine à accepter Ta volonté pour moi. Donne-moi la force, Père, d'être obéissant pour ne pas succomber à la tristesse.

Dieu tout-puissant, aide-nous à supporter en souriant le mal qu'on nous fait ; chasse de nous tout désir de revanche. Accorde-nous de ne pas rendre coup pour coup, mais de trouver notre joie dans Ta volonté qui nous envoie ces épreuves, en sorte que nous soyons portés à Te remercier et à Te louer.

Dieu tout-puissant, rappelle-nous toujours que personne ne peut nous faire du mal, sans se nuire mille fois plus à Tes yeux. Fais que nous soyons ainsi portés à pardonner plutôt qu'à frapper, à prendre en pitié plutôt qu'en haine.

Enseigne-nous, ô Père, à ne pas nous confier en nous-même ou en nos belles entreprises, mais à tout attendre de Ton infatigable bonté. Que la tristesse de vivre, souvent en désaccord avec Ta volonté, ne nous submerge pas, mais plutôt que Ta miséricorde s'étende à toute notre vie et la fertilise.

Ô mon Dieu, et mon Père, je suis déconcerté et bouleversé par le péché qui m'empoisonne la vie et qui m'empêche de mener une existence qui Te plaise. Garde-moi, ô bon Père, et aide-moi. Accorde-moi de ne pas céder au mal.

Dieu tout-puissant, fais qu'aucun de nous ne recherche son propre avantage au détriment du bonheur de son prochain. Accorde-nous de rejeter toute haine et tout esprit de discorde, pour vivre ensemble comme de vrais enfants de Dieu disant en parfaite amitié non pas « mon Père » mais « notre Père ».

EPHREM LE SYRIEN

Syrie, 306-env. 373

« *La prière du grand carême** »

Seigneur et maître de ma vie, éloigne de moi l'esprit de paresse, d'abattement, de domination, de vaines paroles ; accorde-moi, à moi Ton serviteur, un esprit de chasteté, d'humilité, de patience et d'amour ; oui, Seigneur Roi, donne-moi de voir mes péchés et de ne pas juger mon frère car Tu es béni dans les siècles des siècles.
Amen.

* Orthodoxe.

SYMÉON LE NOUVEAU THÉOLOGIEN

Byzance, 949 ?-1022

« *Mets-moi avec les humbles* »

Ne me donne pas, ô Maître, la gloire en ce monde,
[la gloire vaine,
ne me donne pas la richesse qui passe,
[ni des talents d'or,
ni un trône sublime, ni le pouvoir sur ces réalités
[périssables !
Mets-moi avec les humbles, avec les pauvres
[et les doux,
que je devienne, moi aussi, et humble et doux ;
Ne T'irrite pas, ne détourne pas de moi
[Ton visage,
mais enseigne-moi à accomplir Ta volonté,
car je ne cherche pas à ce que ma volonté à moi
[se fasse,
mais la Tienne, afin de Te servir,
[Miséricordieux !
Je T'en conjure, aie pitié, Toi qui es
[naturellement pitoyable,
et fais ce qui est utile à mon âme misérable,
parce que Toi, Toi seul es le Dieu ami
[de l'homme,

incréé, sans fin, tout-puissant, véritablement,
vie et lumière de ceux qui T'aiment
et sont par Toi, Ami de l'homme, tellement
[aimés !

SAINT THOMAS D'AQUIN

Italie, 1225-1274

« *Accorde-moi une vie qui Te plaise* »

Accorde-moi, Dieu miséricordieux,
de désirer avec ardeur ce que Tu approuves,
de le rechercher avec prudence,
de le reconnaître avec vérité,
de l'accomplir avec perfection,
à la louange et à la gloire de Ton nom.

Mets de l'ordre en ma vie,
et ce que Tu veux que je fasse,
donne-moi de le connaître,
donne-moi de l'accomplir comme il faut
et comme il est utile au salut de mon âme.

Donne-moi, Seigneur Dieu, un cœur vigilant,
que nulle curieuse pensée n'entraîne loin [de Toi ;
un cœur noble que nulle indigne affection [n'abaisse ;
un cœur droit que nulle intention équivoque [ne dévie ;
un cœur ferme que nulle adversité ne brise ;

un cœur libre que nulle violente passion
[ne subjugue.

Accorde-moi, Seigneur mon Dieu,
une intelligence qui Te connaisse,
un empressement qui Te cherche,
une sagesse qui Te trouve,
une vie qui Te plaise,
une persévérance qui T'attende avec confiance,
et une confiance qui Te possède à la fin.

SAINT FRANÇOIS DE SALES

France, 1567-1622

Donne-nous les yeux nouveaux pour Te découvrir

Je crie vers Toi,
ô mon Dieu,
je prononce Ton Nom très saint,
mais sans pouvoir jamais Te saisir !

Seigneur mon Dieu,
Tu es plus grand que nos paroles,
plus silencieux que notre silence,
plus profond que nos pensées,
plus élevé que nos désirs...

Donne-nous, ô Dieu souverain,
si grand et si proche,
un cœur vivant,
des yeux nouveaux,
pour Te découvrir
et pour T'accueillir
quand Tu viens à nous.

PLATON

Grèce antique, 427-347 av. J.-C.

La prière de Socrate

Ô Pan, et vous divinités qu'on honore en ce lieu, donnez-moi la beauté intérieure de l'âme ! quant à l'extérieur, je me contente de celui que j'ai, pourvu qu'il ne soit pas en contradiction avec l'intérieur ; que le sage me paraisse riche, et que j'aie seulement autant d'or qu'un sage peut en supporter et en employer !

PRIÈRE RITUELLE MUSULMANE

Prière du pèlerinage (extraits)

Mon Dieu, fais-moi sortir des ténèbres
vers la lumière
Éclaire mon cœur par la science
Donne-nous la lumière par laquelle nous serons
dirigés vers Toi.
Ô mon Dieu mets la lumière dans nos cœurs,
La lumière dans mes oreilles,
La lumière dans mes yeux,
La lumière sur ma langue,
La lumière à ma droite, la lumière à ma gauche,
La lumière au-dessus de moi,
La lumière en dessous de moi,
La lumière devant moi,
La lumière derrière moi.
Mets dans mon âme la lumière.
Inonde-moi de lumière.
Seigneur, dilate mon cœur et facilite ma tâche.
Je viens à Toi, ô mon Dieu, d'un pays lointain,
Portant mes fautes nombreuses et mes mauvaises
[actions,
Ayant besoin de Toi et craignant Ton châtiment.

Je te prie de me recevoir dans Ta clémence
Et de m'introduire en Ton grand paradis.
Mon Dieu, Tu entends ma parole, Tu vois
ma place.
Tu connais mes plus intimes secrets et mes
moindres gestes.
De mon être rien n'est mystérieux pour Toi
Je suis le pauvre qui implore Ton assistance
et cherche Ta protection.
Je viens à Toi, aspirant à Ta miséricorde,
me plaignant de la dureté de mon cœur,
craignant à cause de mes péchés, l'âme
[oppressée,
avouant mes fautes.
Ô très Miséricordieux fais-nous goûter
[la fraîcheur
de Ta clémence,
et la douceur de Ton pardon.
Mon Dieu, je Te prie par Ton Nom qui est bon,
pur, béni, bien-aimé.
Si l'on T'invoque par lui, Tu exauces,
Si par lui on Te demande miséricorde,
Tu fais miséricorde.
Si par lui on Te demande consolation,
[Tu soulages.
Mon Dieu, par Tes beaux Noms purifie
[nos cœurs
de tout ce qui nous éloignerait de Ta vision et de
Ton amour.

SAINT TIKHON DE ZADONSK

Russie, 1724-1783

« *Donne-moi Ta lumière* »

Ô Amour pur, sincère et parfait ! Ô lumière substantielle ! Donne-moi la lumière afin qu'en elle je reconnaisse Ta lumière. Donne-moi Ta lumière afin que je vois Ton Amour. Donne-moi Ta lumière afin que je voie Tes entrailles paternelles. Donne-moi un cœur pour T'aimer ; donne-moi les yeux pour Te voir ; donne-moi les oreilles pour entendre Ta voix ; donne-moi des lèvres pour parler de Toi, le goût pour Te goûter. Donne-moi l'odorat pour sentir Ton parfum ; donne-moi des mains pour Te toucher ; des pieds pour Te suivre. Sur terre et dans le ciel, je ne désire que Toi, mon Dieu ! Tu es mon seul désir, ma consolation, la fin de toutes angoisses et souffrances. Je ne cherche que Toi, en Toi seul est ma joie et ma béatitude dans le temps et, comme je l'espère, dans l'éternité.

XI

« Dieu ne veut pas
d'un cœur triste.
Il veut un cœur libre
et gai. »

Marie-Madeleine de Pazzi

SAINT THOMAS MORE

Angleterre, 1478-1535

« Seigneur, donne-moi le sens de l'humour »

« Seigneur, donne-moi une bonne digestion et, naturellement aussi, quelque chose à digérer... Donne-moi une âme qui ne connaisse pas l'ennui, les murmures, les soupirs, les lamentations. Ne permets pas que je me soucie trop de cette chose envahissante qui s'appelle "moi". Donne-moi le don de savoir rire d'une plaisanterie, afin que je sache tirer un peu de joie de la vie et que je puisse en faire part aussi aux autres. Seigneur, donne-moi le sens de l'humour. »

FRANCIS JAMMES
France, 1868-1938

Prière pour aller au paradis avec les ânes

Lorsqu'il faudra aller vers Vous, ô mon Dieu, faites
que ce soit par un jour où la campagne en fête
poudroiera. Je désire, ainsi que je fis ici-bas,
choisir un chemin pour aller,
[comme il me plaira,
au Paradis, où sont en plein jour les étoiles.
Je prendrai mon bâton et sur la grande route
j'irai, et je dirai aux ânes, mes amis :
Je suis Francis Jammes et je vais au paradis,
car il n'y a pas d'enfer au pays du Bon Dieu.
Je leur dirai : Venez, doux amis du ciel bleu,
pauvres bêtes chéries qui,
d'un brusque mouvement d'oreille,
chassez les mouches plates, les coups
[et les abeilles...

Que je Vous apparaisse au milieu de ces bêtes
Que j'aime tant parce qu'elles baissent la tête
doucement, et s'arrêtent en joignant leurs petits
[pieds

d'une façon bien douce et qui vous fait pitié.
J'arriverai suivi de leurs milliers d'oreilles,
suivis de ceux qui portèrent au flanc
[des corbeilles,
de ceux traînant des voitures de saltimbanques
ou des voitures de plumeaux et de fer-blanc,
de ceux qui ont au dos des bidons bossués,
des ânesses pleines comme des outres, aux pas
[cassés,
de ceux à qui l'on met de petits pantalons
à cause des plaies bleues et suintantes que font
les mouches entêtées qui s'y groupent en rond.
Mon Dieu faites qu'avec ces ânes je Vous vienne.
Faites que, dans la paix, des anges nous
[conduisent
vers des ruisseaux touffus où tremblent
[des cerises
lisses comme la chair qui rit des jeunes filles,
et faites que, penché dans ce séjour des âmes,
sur Vos divines eaux je sois pareil aux ânes
qui mireront leur humble et douce pauvreté
à la limpidité de l'amour éternel.

ROBIN DE LA MEUSE

France, né en 1943

Prière du globe-trotteur

C'est vrai Seigneur
J'ai déjà beaucoup voyagé.
J'ai parcouru le monde,
Le vaste monde que Vous avez
Créé.
Merci Seigneur.
Et pourtant les mappemondes
Me font toujours rêver,
J'étudie les cartes,
Je dévore les atlas.
Faites-moi encore bouger,
Seigneur.
Du spectacle du monde,
Du vaste monde que Vous avez
Créé
Jamais ne me lasse.
Bien que vieilli
Mais fort peu assagi,
Je me sens prêt :
Je suis prêt, Seigneur,
À tous les voyages,
À tous les vagabondages :
De Rome à Qom

De Omsk à Tomsk
Et de Tomsk à Minsk.
Envoyez-moi
De Gao à Goa
De Nice à Nicée
De Och à Auch,
De Brest à Brest
Litovsk.
Je suis partant
Pour aller
De Wien à Vienne
De Jericho à Chicago
De Mayence à Florence
De Mayenne à Cayenne
De Ucel à Bruxelles
De Pise à Venise.
Oui Seigneur,
Je suis prêt à tout,
Je veux bien me rendre
De Delphes à Philadelphie,
De Munich à Zurich
D'Agadir à Monastir
De Bagdad à Soledad
De Bobo Dioulosso à Poto Poto,
De Kinshasa à Bujumbura.
Je veux bien même tenter
De rallier
Tombstone à Tombouctou,
Lomé à Lima,
Babel à Babylone,
Puis Babylone à Barcelone,
Barcelone à Lisbonne,
À trouver
Le chemin de Damas
Jusqu'à Annemasse,

De Carthage à Carthagène
De Gène à Genève
(Ou à la Roche Migène)...
Dites-moi Seigneur,
Voulez-vous que j'aille
De Belgrade à Volgograd,
De Garoua à Maroua –
Et même au-delà :
Jusqu'à Waza ou N'Djamena ?
Je peux essayer d'aller
De Trifouillis (les oies) à Tripoli (les rats)
De Tripoli (Libye) à Tripoli (Liban)
De Maison Blanche à Casablanca
De Porto à Cognac
De Al Qods à Jérusalem
De Bombay à Broadway
De Samara à Samarcande
De Bogota à Golgotha,
De Réaumur à Sébastopol
Ou de Sodome à Gomorrhe.
Voyez Seigneur,
Je suis prêt à n'importe quoi.
Mais je Vous en prie
Épargnez-moi
Un seul déplacement : il n'y a
Qu'un seul voyage
Que je ne veuille pas
Faire.
Celui
De vie
À trepas.

XII

« Que tout ce qui
respire loue le
Seigneur. »

PSAUME 150

SAINT FRANÇOIS D'ASSISE

Italie, 1182-1226

Cantique du soleil

Très haut, très puissant et bon Seigneur, à Vous appartiennent les louanges, la gloire et toute bénédiction. On ne les doit qu'à Vous et nul n'est digne de Vous nommer.

Loué soit Dieu, mon Seigneur, à cause de toutes les créatures et singulièrement pour notre frère messire le soleil qui nous donne le jour et la lumière. Il est beau et rayonnant d'une grande splendeur, il Vous rend témoignage, ô mon Dieu.

Loué soyez-Vous, mon Seigneur, pour notre sœur la lune et les étoiles. Vous les avez formées dans les cieux, claires et belles.

Loué soyez-Vous, mon Seigneur, pour mon frère le vent, pour l'air et le nuage et la sérénité et tous les temps quels qu'ils soient, car c'est par eux que Vous soutenez toutes les créatures.

Loué soit mon Seigneur, pour notre sœur l'eau qui est très utile, humble, précieuse et chaste.

Loué soyez-Vous, mon Seigneur, pour notre frère le feu. Par lui Vous illuminez la nuit, il est beau et agréable à voir, indomptable et fort.

Loué soit mon Seigneur, pour notre mère la terre

qui nous soutient, nous nourrit et produit toutes sortes de fruits, les herbes et les fleurs diaprées.

Loué soyez-Vous, mon Seigneur, à cause de ceux qui pardonnent pour l'amour de Vous et qui soutiennent patiemment l'infirmité et la tribulation. Heureux ceux qui persévèrent dans la paix, car c'est le Très-Haut qui les couronnera.

Soyez loué, mon Seigneur, à cause de notre sœur la mort corporelle à qui nul homme vivant ne peut échapper. Malheur à celui qui meurt en état de péché mortel. Heureux ceux qui à l'heure de la mort se trouvent conformes à Vos saintes volontés. Car la seconde mort ne pourra leur nuire*.

Louez et bénissez mon Seigneur, rendez-lui grâces et servez-le avec une grande humilité.

* D'après l'Apocalypse (XX, 14 ; XXI, 8), la seconde mort attend ceux qui seront envoyés en enfer après le jugement dernier.

LE CORAN

Arabie, VIIe siècle

La Fatiha.
Sourate I

Au nom de Dieu :
celui qui fait miséricorde,
le Miséricordieux.

Louange à Dieu,
Seigneur des mondes :
celui qui fait miséricorde,
le Miséricordieux,
le Roi du Jour du Jugement.

C'est Toi que nous adorons,
c'est Toi
dont nous implorons le secours.

Dirige-nous dans le chemin droit :
le chemin de ceux que Tu as comblés
[de bienfaits ;
non pas le chemin de ceux qui encourent
[Ta colère
ni celui des égarés.

ANONYME

Chine

*Le paradis d'Amitâbha**

Ô Amitâbha, lumière sans pareille...
Ô Amitâbha, splendeur infinie...
si pure et si calme...
si douce et si consolante...
combien nous désirons renaître chez Toi !
Toi dont le pouvoir est sans bornes...
Toi vers qui se tournent les êtres de tous
[les mondes...
qu'il est beau, Ton royaume,
où la brise sème des fleurs sous les pieds
[des bienheureux...
combien nous désirons renaître chez Toi !
Qu'il est beau Ton royaume,
où la plus belle musique résonne,
où les plus précieux parfums fument,
où tous les êtres sont saints...
combien nous désirons renaître chez Toi !
Follement, durant des existences sans nombre,
nous avons renouvelé l'acte qui nous liait
[à la terre
Oh ! garde-nous désormais, douce lumière,
que nous ne perdions plus la sagesse du cœur !
Nous exaltons Ta science et Tes œuvres,

nous désirons que tous aillent à Toi ;
qu'aucun obstacle n'empêche aucun être
de renaître dans la paix et le bonheur, chez Toi !
Nous T'offrons tout ce que nous avons,
[tout ce que nous sommes.
En échange accorde-nous de renaître chez Toi.
Sois saluée, ô splendeur ineffable !
De tout cœur et en toute confiance, nous nous
[prosternons devant Toi.

* Louange au Bouddha, surnommé Amitâbha, « Lumière infinie ».

PHARAON AMÉNOPHIS IV

Égypte ancienne, vers 1500 av. J.-C.

Hymne au soleil

Lorsque, plein de beauté, Tu te lèves à l'horizon
[du ciel, ô disque vivant,
alors commence la vie.
Lorsque irradie Ta lumière à l'horizon
[de l'Orient,
de Tes beautés Tu remplis la terre entière.
Lorsque Tu acquiers grâce et force et, comme
[un ruisseau,
Tu envoies Ta lumière, bien haut, au-dessus
[de la terre,
Tes rayons entament chaque territoire
[et accomplissent
tout ce que Tu sais accomplir.
Soleil de midi, alors que Tu lances tes rayons
en direction des hommes,
dans Ton amour Tu les embrasses.

ANONYME

Égypte ancienne, vers 1300 avant J.-C.

Comme tu es bon, Amon

Louange à Toi, Amon-Rê-Atoum-Harakhtès !
Quand Ta bouche parle, les êtres viennent
[à l'existence...
Tu es vaillant comme un berger qui garde
[éternellement et à jamais.
Les poitrines sont remplies de Ta perfection
et les yeux voient par Toi.
Ta crainte est sur tous les hommes
et leurs cœurs sont tournés vers Toi.
car Tu es parfait en tout temps.
Les hommes vivent à Ta vue.
Chacun dit : « Nous sommes à Toi... »
Ta tendresse est dans tous leurs cœurs.
Aucune poitrine n'est privée de Ta perfection.

Les veuves ne disent-elles pas : « C'est Toi
[notre époux ! »
Et les petits enfants : « C'est notre père
[et notre mère ! »
Les riches se glorifient de Ta bonté
et les pauvres honorent Ta face.
Le prisonnier se tourne vers Toi,

et celui qui est sous l'empire de la maladie crie
[vers Toi.
Ton nom protège le corps de tous ceux qui sont
[seuls,
il est salut et santé pour celui qui est sur l'eau,
l'arrachant au Monstre...

Ce qu'Il aime, c'est être la Lune dans son
[enfance,
pour qui l'humanité danse.
Quand les suppliants seront rassemblés devant
[Lui.
Il cherchera les cœurs.

Les plantes vertes se tournent dans Sa direction
et sont heureuses,
les fleurs de lotus se réjouissent à cause de Lui.

Ce qu'Il aime, c'est être le roi des dieux,
[qui préside à Karnak.
Sa face, son front sont prestigieux.
La vie vient de Lui.
Comme Tu es bon, comme Tu es bon, Amon,
[comme Tu es bon !
Tu es bon pour tout homme,
berger qui sait pardonner,
qui écoute le cri de tout homme qui l'appelle
qui est attentif et donne le souffle.

Comme Tu es bon !
Tu es satisfait d'avoir fait venir à l'existence
l'humanité !
La terre est dans Ton amour parfait.
Le mal et la violence sont abattus...

Comme Tu es sacré pour l'Occident, Toi qui
[parcours l'éternité !
Les suppliants se rassemblent auprès de Toi
car Tu es un juge équitable,
dieu grand qui guide à la porte,
qui se met en peine pour qui crie vers lui.
A l'aube, il a châtié les ennemis,
l'homme avide est réduit à néant
et il assigne la soumission à la justice
au pays de la nécropole.
Comme il est beau Ton lever !
Démiurge qui fait exister le nécessaire,
qui tourne Son cœur vers qui l'appelle...
Comme il est beau Ton lever, Rê, mon Seigneur !
qui joue le rôle de berger dans son pâturage.
On se désaltère à son eau.
Voici que je respire grâce à l'air qu'il donne...
Tandis que vous avez passé le jour sur les
[herbages
devant Lui,
Il a éloigné de vous tout mal.
Et, lorsqu'Il se couche en paix en son double
[horizon,
vos terres et vos maisons sont en sécurité.

HYMNE LATIN

Tibi silentium laus

Éternel, je me tais ; en Ta sainte présence
Je n'ose respirer, et mon âme en silence
Admire la hauteur de Ton nom glorieux.
Que dirai-je ? Abîmés de cette mer profonde
Pendant qu'à l'infini Ta clarté nous inonde,
Pouvons-nous seulement ouvrir nos foibles
[yeux ?

Si je peux commencer à chanter Tes louanges
Et que, déjà mêlés parmi les chœurs des anges,
Je médite en moi-même un cantique charmant,
Dès que, pour l'entonner, ma langue se dénoue,
Je cesse au premier son, et mon cœur désavoue
De ma tremblante voix l'indigne bégaiement.

Plus je pousse vers Toi ma sublime pensée,
Plus de Ta majesté je la sens surpassée,
Se confondre elle-même et tomber sans retour.
Je T'approche en tremblant, lumière
[inaccessible ;
Et, sans voir dans son fond l'Être
[incompréhensible,
Par un vol étonné je m'agite à l'entour.

Cessez : qu'espérez-vous de vos incertitudes,
Vains pensers, vains efforts, inutiles études ?
C'est assez qu'Il ait dit : « Je suis Celui qui suis.
Il est tout, Il n'est rien de tout ce que je pense.
Avec ces mots profonds j'adore Son essence,
Et, sans y raisonner, en croyant, je poursuis.

Dieu puissant trois fois saint, seul connu
[de Toi-même,
À qui je dis sans fin, dans mon ardeur extrême :
Je suis à Toi, Seigneur, et mon cœur est rendu ;
Répands dans mon esprit Ton esprit ineffable
(Mais quoi ! puis-je L'aimer autant qu'Il est
[aimable)
Et reçois dans Ta paix mon amour éperdu.

Descends, divin Esprit, pure et céleste flamme,
Puissant moteur des cœurs qu'en secret
[je réclame,
Et Toi qui le produis dans l'éternel séjour,
Accorde Ta présence à mon âme impuissante,
Fais-en, car Tu le peux, une fidèle amante
Et pour Te bien aimer donne-lui ton amour.

Traduction de Bossuet

ÉVANGILE SELON SAINT LUC
(vers 65-70)

Magnificat. Cantique de Marie

Mon âme exalte le Seigneur.
Mon cœur est dans la joie en Lui, mon sauveur,
qui a jeté les yeux sur Son humble servante.
Oui, désormais, toutes les générations
rediront mon bonheur, car le Tout-Puissant
a fait pour moi de grandes choses.

Il est la vie et Celui qui la donne,
et Son amour s'étend sur ceux qui L'aiment,
des hommes d'aujourd'hui aux enfants de
demain.
De Son bras déployé, dispersant les superbes,
renversant les puissants de leurs trônes,
comblant de biens les affamés
et renvoyant les riches les mains vides,
Il élève les pauvres.

Se souvenant de sa miséricorde Il est venu
en aide à Son peuple d'Israël, Son serviteur,
selon qu'Il l'avait annoncé à nos ancêtres,
en faveur d'Abraham et de sa postérité,
dans la suite des temps.

BRÉVIAIRE

France

Somno refectis artubus
Hymne du matin

Tandis que le sommeil réparant la nature,
  Tient enchaînés le travail et le bruit,
Nous rompons ses liens, ô clarté toujours pure,
  Pour Te louer dans la profonde nuit.

Que dès notre réveil notre voix Te bénisse,
  Qu'à Te chercher notre cœur empressé,
T'offre ses premiers vœux, et que par Toi finisse,
  Le jour par Toi saintement commencé.

L'astre dont la présence écarte la nuit sombre ;
  Viendra bientôt recommencer son tour ;
Ô vous, noirs ennemis, qui séduisez dans l'ombre,
  Disparaissez à l'approche du jour.

Nous T'invoquons, Seigneur, Tes grâces sont nos
[armes,
  De tout péché rends-nous purs à Tes yeux,
Fais que T'ayant chanté dans ce séjour de larmes,
  Nous Te chantions dans le repos des cieux.

Exauce, Père Saint, notre ardente prière,
Verbe Éternel, Esprit leur nœud divin,
Dieu qui tout éclatant de Ta propre lumière,
Règnes au Ciel sans principe et sans fin. Amen.

Traduction de Jean Racine

GERTRUDE D'HELFTA

Allemagne, 1256-v.1302

Jubile au Seigneur

Que les vœux et les désirs de mon cœur jubilent à Toi, et que les dons de Tes grâces si variées Te chantent gloire.

Que les soupirs et les gémissements de cet exil jubilent à Toi, et Te bénissent, ô mon Dieu, mon attente, mon espoir.

Que l'espérance et la confiance que j'ai en Toi jubilent à Toi, de ce qu'enfin, ô Dieu vie toute bienheureuse, de la poussière du tombeau Tu me ramèneras à Toi.

Que le sceau de la foi par lequel Tu m'as marquée pour être à Toi, jubile à Toi, de ce que je crois, ô mon cher rédempteur, qu'enfin dans ma chair je Te verrai.

Que le désir que j'ai pour Toi, que la soif que j'endure pour Toi, jubile à Toi, de ce qu'après cette vie, ô mon Dieu, ma vraie patrie, j'irai enfin à Toi.

Que le divin amour, qui prévient mon amour, et m'oblige à T'aimer sans fin, jubile à Toi par-dessus toutes choses, de ce que Toi, ô mon Dieu, mon doux amour, Tu es seul Dieu béni dans tous les siècles.

LA BIBLE

1000 av. J.-C.-100 ap. J.-C.

« Seigneur, mon refuge et ma force »

Le Seigneur est mon rocher, Il est ma force, Il est mon Sauveur.

Mon Dieu est mon soutien, j'espérerai en Lui ; Il est mon bouclier, Il est l'appui de mon salut ; c'est Lui qui me tient élevé en haut, Il est mon refuge ; mon Sauveur, Vous me délivrerez de l'iniquité.

J'invoquerai le Seigneur digne de toute louange, et Il me délivrera de mes ennemis.

Les douleurs de la mort m'ont assiégé, les torrents de Bélial m'ont épouvanté.

Les liens de l'enfer m'ont environné, les filets de la mort m'ont enveloppé.

J'invoquerai le Seigneur dans mon affliction, et je crierai vers mon Dieu ; et Il entendra ma voix de son temple, et mes cris parviendront jusqu'à Ses oreilles.

PIERRE TEILHARD DE CHARDIN

France, 1881-1955

La messe sur le Monde (extrait)

Puisque, une fois encore, Seigneur, non plus dans les forêts de l'Aisne, mais dans les steppes d'Asie, je n'ai ni pain, ni vin, ni autel, je m'élèverai par-dessus les symboles jusqu'à la pure majesté du Réel, et je Vous offrirai, moi Votre prêtre, sur l'autel de la Terre entière, le travail et la peine du Monde.

Le soleil vient d'illuminer, là-bas, la frange extrême du premier Orient. Une fois de plus, sous la nappe mouvante de ses feux, la surface vivante de la Terre s'éveille, frémit, et recommence son effrayant labeur. Je placerai sur ma patène, ô mon Dieu, la moisson attendue de ce nouvel effort. Je verserai dans mon calice la sève de tous les fruits qui seront aujourd'hui broyés.

ANONYME

Pérou, époque pré-colombienne

Au Créateur de l'Homme

L'aurore terrestre
se vêt de lumière,
pour rendre hommage
au Créateur de l'Homme.
Le haut ciel
fait fuir ses nuages,
s'humiliant
devant le Créateur de l'Homme.
Le Seigneur des Étoiles,
notre père le Soleil,
répand Sa chevelure
à Ses pieds.
Le vent à son tour
secoue la cime des arbres,
agite les branches,
les abat à terre.
Au cœur des arbres
chantent les oiseaux
et rendent leur hommage
au dominateur de la terre.
Toutes les fleurs,
splendides et belles,
déploient leurs couleurs

et leurs parfums.
Le fond du lac,
un miroir d'eau,
est l'heureuse demeure
des poissons joyeux.
Le vif torrent
de sa rauque chanson
chante les louanges
de Viracocha.
Le rocher à son tour
se vêt de verdure
et, dans le ravin, la forêt
offre ses fleurs fraîches.
Et les habitants de la montagne,
le Peuple des Serpents,
à Ses pieds,
glissent rapides.
La vigogne sur les hautes montagnes,
le viscacha des rochers,
font leurs tanières
autour de Lui.
Ainsi mon cœur,
à chaque aurore,
Te rend louange,
mon père, mon Créateur.

XIII

« Dieu est amour et
qui demeure dans
l'amour demeure en
Dieu et Dieu en lui. »

ÉPITRE DE L'APÔTRE
SAINT-JEAN (IV, 16)

HÂFEZ

Perse, 1re moitié du XIVe s.-1389

« *Mille amoureux Te désirent* »

Nul mortel n'a pu Te voir,
mille amoureux Te désirent pourtant ;
il n'est pas de rossignol qui ne sache
que dans le bouton dort la rose.
L'amour est là où la splendeur
vient de Ton visage : sur les murs du monastère
et sur le sol de la taverne,
la même flamme inextinguible.
Là où l'ascète enturbanné
célèbre Allah, nuit et jour,
où les cloches de l'église appellent à la prière,
où se trouve la croix du Christ.

CHARLES DE FOUCAULD

France, 1858-1916

« *Aimer jusque dans la souffrance* »

Mon Dieu, puisque la main divine
Couronne mon front de douleurs,
Laisse-moi baiser chaque épine
Que m'offrira Ton divin Cœur.

Si mes larmes tombent brûlantes,
Si mon corps se traîne épuisé,
Mon Dieu, que mes lèvres tremblantes
Chantent Ton amour méprisé.

Que mon âme comme une lyre,
Vibrant sous la main de Jésus,
Bénisse toujours le martyre
Qui la rapproche des élus.

Mon Dieu, là-haut, la jouissance :
Ici-bas l'aimer, le bénir ;
L'aimer jusque dans la souffrance,
L'aimer toujours... et puis... mourir.

STARETZ SILOUANE

Russie, 1866-1938

« *Mon cœur T'aime* »

Mon cœur T'aime, aussi Te désire-t-il, Te cherche-t-il en pleurant. Tu as orné le ciel d'étoiles, l'air de nuages, la terre de lacs, de fleuves et de riants jardins ; mais mon âme T'aime, Toi seul, et non le monde pour si beau qu'il soit. C'est Toi que je désire, Seigneur. Je ne puis oublier Ton regard tranquille et doux ; je T'en supplie avec des larmes : Viens, entre chez moi, purifie-moi de mes péchés. Tu regardes ici-bas du haut de Ta gloire ; Tu sais bien la ferveur du désir de mon âme. Ne m'abandonne pas, exauce Ton serviteur qui crie comme le prophète David : pardonne-moi, mon Dieu, selon Ta grande miséricorde.

ANONYME*

Mon médecin

L'âme de celui qui aime
supporte avec patience
les infirmités du corps,
en souhaitant qu'un jour
puisse la soigner
celui qui lui envoie
la maladie.

Ne connaît ce qu'est
le Désir ardent
que celui qui en est blessé ;
ne connaît l'affection
ardente que celui
qui en supporte les tourments.

Dieu sait que mon âme
s'est consumée du Désir
qui me porte vers Toi,
bien que je m'efforce
de la distraire.

Un regard de Toi,
ô mon aumône,

ô mon Espérance,
est plus savoureux pour moi
que le monde
et tout ce qu'il renferme.

* Un mystique musulman.

DHOU'L-NOUN AL-MISRI

Égypte, 796-861

Supplications

Je meurs, tandis que l'affection
ardente qui me porte vers Toi
est toujours vivante,
et ma soif de Ton loyal Amour
toujours inassouvie.

J'invoque le trépas,
ma seule ambition,
car le seul trésor que je convoite,
c'est Toi-même,
Tu es la richesse,
Tu es toute richesse,
face à mon indigence.

Tu es le terme final
de ma longue supplication,
Tu es le but où tendent
mes désirs.
Tu es le motif de mes plaintes.
Tu es le secret
que je dérobe à tout regard.

Même si en Toi, mon mal
ne cesse de s'aggraver,
même si le tourment se prolonge,
que je subis en Toi,
jamais je ne divulguerai
le lourd fardeau de mon cœur.

Jamais, au fond de cette poitrine,
entre ces flancs décharnés,
ce mal qui me vient de Toi,
je ne pourrais le contenir.
Jamais je ne pourrais
le celer aux regards,
si Toi-même
ne m'en donnais la force.
À mes proches, à mes voisins,
jamais Tu n'as permis
que je montre ma douleur
secrète.
Cette douleur qui par Toi
a envahi mon être,
l'a ruiné tout entier,
de la même manière que l'on provoque
l'écroulement d'un édifice
en brisant la colonne
sur laquelle il repose.
Pourtant c'est ma douleur
qui affermit
mes pensées les plus secrètes.

N'es-tu pas le guide
qui montre aux cavaliers indécis
le vrai chemin ?
N'es-Tu pas le sauveur

de ceux qui perdent pied
au bord des falaises croulantes ?

Tu as montré
le chemin du salut
à ceux que Ta grâce a choisis,
alors que le flambeau
en leurs mains
ne brillait pas du dixième
d'un dixième de ma lumière.

Accorde-moi Ta faveur,
afin qu'à son approche
je trouve la Vie.
Jette le manteau de Tes richesses
sur ma pauvreté
et sur mon indigence.

HADEWIJCH D'ANVERS

Pays-Bas, XIIIe siècle

Poème spirituel

Pour tristes que soient la saison et les oiselets,
le noble cœur ne saurait l'être.
Mais qui veut affronter les travaux de l'Amour
devra de lui seul apprendre
  – douceur et cruauté,
  joie et douleur –
ce qu'il faut éprouver pour aimer.

Les fières âmes qui ont grandi dans la dilection
et savent aimer sans que rien les apaise,
doivent être en tout temps
fortes et hardies,
  toujours prêtes à recevoir
  consolation ou affliction
au gré du seul Amour.

Les voies de l'Amour sont étranges :
le sait bien qui veut les suivre :
il trouble soudain le cœur assuré :
qui aime ne peut trouver constance.
  Celui que la Charité
  touche au fond de l'âme
connaîtra mainte heure désolée.

Tantôt brûlant et tantôt froid,
maintenant timide et hardi tout à l'heure,
nombreux sont les caprices de l'Amour.
Mais en tout temps il nous rappelle
  notre dette immense
  envers son haut pouvoir,
qui nous attire et nous veut à lui seul.

Tantôt gracieux, tantôt terrible,
proche maintenant et lointain tout à l'heure :
pour qui le connaît et se fie à lui,
ceci même est joie souveraine.
  Comme Amour
  dans un seul acte
frappe et embrasse !

Tantôt humilié, tantôt exalté,
caché maintenant, manifesté tout à l'heure,
pour être un jour comblé par la dilection
il faut risquer mainte aventure, –
  avant d'atteindre
  ce point où l'on goûte
la pure essence de l'Amour.

Tantôt léger, tantôt pesant,
sombre maintenant et clair tout à l'heure,
dans la douce paix, dans l'étouffante angoisse,
donnant et recevant, –
  double vie,
  sied à l'esprit
qui se perd dans l'Amour.

CHARLES DE FOUCAULD

France, 1858-1916

« *Mon Dieu, daigne me donner le sentiment de Ta présence*

Mon Dieu, daigne me donner le sentiment continuel de Ta présence ; de Ta présence en moi et autour de moi et en même temps cet amour craintif qu'on éprouve en présence de ce qu'on aime passionnément et qui fait qu'on se tient devant la personne aimée sans pouvoir détacher d'elle les yeux, avec un grand désir et une volonté de faire tout ce qui lui plaît, tout ce qui est bon pour elle, et une grande crainte de faire, dire ou penser quelque chose qui lui déplaise ou lui fasse mal.

BAYEZID BESTÂMI

Khurasan, IXe siècle

Toi et Moi

Jusqu'à quand y aura-t-il entre Toi et moi le *moi* et le *toi* ? Supprime entre nous mon *moi* ; fais qu'il devienne tout entier Ton *toi* et ne soit plus mon *moi*.

Mon Dieu, si je suis avec Toi, je vaux mieux que tous, et si je suis avec moi-même, je vaux moins que tous.

Mon Dieu, l'exercice de la sainte pauvreté et la pratique des austérités m'ont fait parvenir jusqu'à Toi ; dans ta générosité Tu n'as pas voulu que mes peines fussent perdues.

Mon Dieu, ce n'est pas l'ascétisme, la connaissance par cœur du Coran et la science qu'il me faut ; mais donne-moi une part dans Tes secrets.

Mon Dieu, je cherche mon refuge en Toi et c'est par Toi que j'arrive à Toi.

Mon Dieu, si je T'aime, rien de moins étonnant, puisque je suis Ton serviteur, faible, impuissant, nécessiteux ; ce qui est étrange, c'est que Tu m'aimes, Toi, qui es le Roi des rois !

Mon Dieu, actuellement je Te crains, et cependant je T'aime si passionnément ! Comment donc ne T'aimerais-je pas lorsque j'aurai reçu ma part de Ta miséricorde et que mon cœur sera libre de toute crainte ?

ABOU-BAKR AL-CHIBLI

Syrie, ?-846

« *Ô mon Bien-Aimé* »

Celui qui d'habitude
vit dans la proximité
du Bien-Aimé,
la patience ne peut l'accoutumer
à l'exil.
L'esclave de l'Amour
ne peut se résoudre
à rejeter le Bien-Aimé :
il n'en a pas la force...
Quand mes yeux ne Te voient pas,
ô mon Bien-Aimé,
c'est mon cœur
qui ne cesse de Te contempler.

MARIE DE L'INCARNATION

France, 1599-1672

« *Je suis toute à Vous* »

Ô mon grand Dieu, je suis le néant et la misère même. Vous regarderai-je dans le ciel ? Mettez-y donc mon âme qui en est si éloignée. Vous regarderai-je dans la grandeur de Votre immensité qui n'a ni fond ni limites ? Mon esprit faible et borné s'y perd. Vous regarderai-je enfin dans Vos créatures ? Vous y êtes trop caché, et Vous y voir, c'est ne Vous pas voir. Ah ! je suis Votre temple, mon grand Dieu. Je Vous regarderai donc en moi-même, suradorable et incompréhensible Trinité, ma vie, ma Miséricorde ! Ô mon grand Dieu ! Vous appellerai-je mon Père, mon Roi, mon Maître, mon Époux ? Vous êtes mon Père, car je Vous veux obéir ; Vous êtes mon Roi, car c'est à Vous seul que je veux rendre mes honneurs et mes hommages ; Vous êtes mon Maître, car c'est Vous qui instruisez mon esprit, et qui le remplissez de Vos lumières. Mais surtout, Vous êtes mon Époux, mon Amour et mes Délices, car je suis toute à Vous, et Vous êtes tout à moi, Vous le savez, ô Verbe incompréhensible !

SAINTE THÉRÈSE DE LISIEUX

France, 1873-1897

Mon chant d'aujourd'hui

Ma vie n'est qu'un instant, une heure passagère
Ma vie n'est qu'un seul jour qui m'échappe
[et qui fuit
Tu le sais, ô mon Dieu ! pour T'aimer sur la terre
Je n'ai rien qu'aujourd'hui !...

Oh ! je T'aime, Jésus ! vers Toi mon âme aspire
Pour un jour seulement reste mon doux appui.
Viens régner dans mon cœur, donne-moi
[Ton sourire
Rien que pour aujourd'hui !

Que m'importe, Seigneur, si l'avenir est sombre ?
Te prier pour demain, oh non, je ne le puis !...
Conserve mon cœur pur, couvre-moi de
[Ton ombre
Rien que pour aujourd'hui.

Si je songe à demain, je crains mon inconstance
Je sens naître en mon cœur la tristesse et l'ennui.
Mais je veux bien, mon Dieu, l'épreuve,
[la souffrance
Rien que pour aujourd'hui.

Je dois Te voir bientôt sur la rive éternelle
Ô Pilote Divin ! dont la main me conduit.
Sur les flots orageux guide en paix ma nacelle
Rien que pour aujourd'hui.

Ah ! laisse-moi, Seigneur, me cacher en Ta face.
Là je n'entendrai plus du monde le vain bruit
Donne-moi Ton amour, conserve-moi Ta grâce
Rien que pour aujourd'hui.

Près de Ton Cœur divin, j'oublie tout ce qui [passe
Je ne redoute plus les craintes de la nuit
Ah ! donne-moi, Jésus, dans ce Cœur une place
Rien que pour aujourd'hui.
[...]

Daigne m'unir à Toi, Vigne Sainte et sacrée
Et mon faible rameau Te donnera son fruit
Et je pourrai T'offrir une grappe dorée
Seigneur, dès aujourd'hui.

Cette grappe d'amour, dont les grains sont [des âmes
Je n'ai pour la former que ce jour qui s'enfuit
Ah ! donne-moi, Jésus, d'un Apôtre les flammes
Rien que pour aujourd'hui.
[...]

Seigneur, je veux Te voir, sans voile, sans nuage,
Mais encore exilée, loin de Toi, je languis
Qu'il ne me soit caché, Ton aimable visage
Rien que pour aujourd'hui.

Je volerai bientôt, pour dire Tes louanges
Quand le jour sans couchant sur mon âme
[aura lui
Alors je chanterai sur la lyre des Anges
L'Éternel Aujourd'hui !...

LA BIBLE

1000 av. J.-C. -100 ap. J.-C.

*Le Cantique des cantiques**

Qu'il me baise des baisers de sa bouche.
Tes amours sont plus délicieuses que le vin ;
l'arôme de Tes parfums est exquis ;
Ton nom est une huile qui s'épanche,
c'est pourquoi les jeunes filles T'aiment.

Entraîne-moi sur Tes pas, courons !
Le roi m'a introduite en ses appartements ;
Tu seras notre joie et notre allégresse.
Nous célébrerons Tes amours plus que le vin ;
comme on a raison de T'aimer !

[...]

J'entends mon bien-aimé.
Voici qu'il arrive,
sautant sur les montagnes,
bondissant sur les collines.
Mon bien-aimé est semblable à une gazelle,
à un jeune faon.

Voilà qu'il se tient
derrière notre mur.

Il guette par la fenêtre,
il épie par le treillis.

Mon bien-aimé élève la voix,
il me dit :
« Lève-toi, ma bien-aimée,
ma belle, viens.
Car voilà l'hiver passé,
c'en est fini des pluies, elles ont disparu.
Sur notre terre les fleurs se montrent.
La saison vient des gais refrains,
le roucoulement de la tourterelle se fait entendre
sur notre terre.
Le figuier forme ses premiers fruits
et les vignes en fleur exhalent leur parfum.
Lève-toi, ma bien-aimée,
ma belle, viens ·

Ma colombe, cachée au creux des rochers,
en des retraites escarpées,
montre-moi ton visage,
fais-moi entendre ta voix ;
car ta voix est douce
et charmant ton visage. »

Attrapez-nous les renards,
les petits renards
ravageurs de vignes,
car nos vignes sont en fleur.

Mon bien-aimé est à moi, et moi à lui.
Il paît son troupeau parmi les lis.

Avant que souffle la brise du jour
et que s'enfuient les ombres,

reviens... ! Sois semblable,
mon bien-aimé, à une gazelle,
à un jeune faon,
sur les montagnes de Bétèr.

Sur ma couche, la nuit, j'ai cherché
celui que mon cœur aime.
Je l'ai cherché, mais ne l'ai point trouvé !
Je me lèverai donc, et parcourrai la ville
Dans les rues et sur les places,
je chercherai celui que mon cœur aime.
Je l'ai cherché, mais ne l'ai point trouvé !

Les gardes m'ont rencontrée,
ceux qui font la ronde dans la ville .
« Avez-vous vu celui que mon cœur aime ? »

À peine les avais-je dépassés,
j'ai trouvé celui que mon cœur aime.
Je l'ai saisi et ne le lâcherai point
que je ne l'aie fait entrer
dans la maison de ma mère,
dans la chambre de celle qui m'a conçue.

Je vous en conjure,
filles de Jérusalem,
par les gazelles, par les biches des champs,
n'éveillez pas, ne réveillez pas mon amour,
avant l'heure de son bon plaisir

[...]

Je dors, mais mon cœur veille.
J'entends mon bien-aimé qui frappe.
« Ouvre-moi, ma sœur, mon amie,

ma colombe, ma parfaite !
Car ma tête est couverte de rosée,
mes boucles, des gouttes de la nuit. »

J'ai ouvert à mon bien-aimé,
mais tournant le dos, il avait disparu !
Sa fuite m'a fait rendre l'âme.
Je l'ai cherché, mais ne l'ai point trouvé,
je l'ai appelé, mais il n'a pas répondu !
Les gardes m'ont rencontrée,
ceux qui font la ronde dans la ville.
Ils m'ont frappée, ils m'ont blessée,
ils m'ont enlevé mon manteau,
ceux qui gardent les remparts.

Je vous en conjure,
filles de Jérusalem,
si vous trouvez mon bien-aimé
que lui déclarerez-vous ?
Que je suis malade d'amour.

[...]

Pose-moi comme un sceau sur ton cœur,
comme un sceau sur ton bras.
Car l'amour est fort comme la Mort,
la passion inflexible comme le Shéol.
Ses traits sont des traits de feu,
une flamme de Yahvé.
Les grandes eaux ne pourront éteindre l'amour,
ni les fleuves le submerger.
Qui offrirait toutes les richesses de sa maison
pour acheter l'amour,
ne recueillerait que mépris.

Mon bien-aimé est frais et vermeil,
il se reconnaît entre dix mille.

Sa tête est d'or, et d'un or pur ;
Ses boucles sont des palmes,
noires comme le corbeau.
Ses yeux sont des colombes,
au bord des cours d'eau
se baignant dans le lait,
posées au bord d'une vasque.
Ses joues sont comme des parterres d'aromates,
des massifs parfumés.
Ses lèvres sont des lis ;
elles distillent la myrrhe vierge.
Ses mains sont des globes d'or,
garnis de pierres de Tarsis.
Son ventre est une masse d'ivoire,
couverte de saphirs.
Ses jambes sont des colonnes d'albâtre,
posées sur des bases d'or pur.
Son aspect est celui du Liban,
sans rival comme les cèdres.
Ses discours sont la suavité même,
et tout en lui n'est que charme.
Tel est mon bien-aimé, tel est mon époux,
filles de Jérusalem.

[...]

* Le Cantique des cantiques, superbe chant d'amour, est une parabole de la recherche amoureuse de Dieu par l'âme, de leur rencontre, et de leurs fiançailles. Le réalisme de ses métaphores érotiques a déconcerté bien des religieux au cours des siècles. Ce livre entre dans les deux canons (juif et chrétien) des textes sacrés de la Bible. L'exégèse contemporaine situe sa composition entre 380-370 av. J.-C. par un seul auteur, qui a, probablement, utilisé des chants nuptiaux plus anciens.

SOURCES

I

IL FAUT SE REPOSER EN DIEU PAR-DESSUS TOUS LES BIENS ET TOUS LES DONS DE LA NATURE ET DE LA GRÂCE

Thomas a Kempis, « Il faut se reposer en Dieu par-dessus tous les biens et tous les dons de la nature et de la grâce », *in* Pierre Corneille, *Œuvres complètes*, Hachette, 1862, vol. VIII, *L'imitation de Jésus-Christ.*

« C'EST VRAI QUE JE VOUS CHERCHE »

Paul Verlaine, *Poèmes*, J.-C. Lattès, coll. « Sagesse », 1987, p. 208-210.

PSAUME 62

La Bible de Jérusalem, Psaume 62 (extrait), Cerf, 1973.

LES LAMENTATIONS D'ADAM

Staretz Silouane, *Les Lamentations d'Adam* (extrait), in *Écrits spirituels*, Abbaye de Bellefontaine, coll. « Spiritualité orientale », p. 62-63.

« JE TE CHERCHE AVEC LES LARMES »

Staretz Silouane, *Écrits spirituels*, *op. cit.*, p. 31.

Prière d'un aveugle à Amon

Anonyme, « Prière d'un aveugle à Amon », in *Prières de l'Ancien Orient*, Cerf, 1989.

« Où et comment Te trouver »

Saint Anselme, *Rationalisme chrétien à la fin du XIe siècle, ou Monologium et Proslogium de saint Anselme sur l'essence divine*, trad. par H. Bouchitté, Librairie d'Amyat éditeur, 1842.

« Accorde-moi de voir Ton visage »

Syméon le Nouveau Théologien, *Hymnes*, vol. II, Cerf, 1973, p. 228-229.

« Si ce n'est pas mon lot de te rencontrer »

Rabindranâth Tagore, *L'Offrande lyrique*, trad. par André Gide, © Éditions Gallimard.

« Ceci est mon corps »

Pierre Teilhard de Chardin, *Réflexions et prières dans l'espace-temps*, © Éditions du Seuil, 1972.

Le grand hymne à Viracocha

Anonyme, « Le grand hymne à Viracocha », *in* Alfonso di Nola, *La prière*, © Seghers.

II

« Le regardant, on ne le voit pas... »

Lao-Tseu, *Tao-Tö King*, trad. du chinois par Liou Kia-hway, © Éditions Gallimard.

Dieu

Anonyme, « Dieu », *in* Gérard Chaliand, *Les Voix du sacré, les plus beaux textes des religions disparues*, Robert Laffont, 1992.

« Tu es un »

Salomon ibn Gabirol, *in* Marguerite Brandon-Salvador, *À travers les moissons*, éditions Alcan, 1903, © PUF.

« Ô Toi l'au-delà de tout, comment t'appeler d'un autre nom ? »

Grégoire de Nazianze, *in* Olivier Clément, *Sources. Les mystiques chrétiens des origines*, Stock, 1982.

« Lumière éternelle »

Syméon le Nouveau Théologien, *Hymnes, op. cit.*, vol. II, p. 468-469.

« Quand on a reconnu le dieu »

Upanishad, *in* Louis Renou, *La Poésie religieuse de l'Inde antique*, Presses universitaires de France, 1942.

Le Dieu primordial

Veda, « Le Dieu primordial », *in* Louis Renou, *Hymnes et prières du Veda*, Adrien Maisonneuve, 1938.

III

« Peut-être cette nuit je frapperai chez Toi »

Anonyme, *in* Michel Evdokimov, *La Prière des chrétiens de Russie*, Chambray-lès-Tours, CLD, 1988, p. 120.

« Tu me conduis par la main »

Edith Stein, *La Puissance de la croix, Anthologie*, Éditions Nouvelle Cité, 1982, p. 101.

« Tu es mon seul soutien »

Toukârâm, Psaumes LXIII et LVIII in *Psaumes du pèlerin*, Gallimard/Unesco, 1956, traduit du mavatte, présenté et commenté par G.-A. Deleury, *Connaissance de l'Orient*, Gallimard/Unesco, © Unesco, 1956, pour la traduction française.

« Le Créateur m'a donné Sa main »
Syméon le Nouveau Théologien, *Hymnes, op. cit.*, vol. III, p. 165-167.

IV

« Ô mon Dieu, tu me suffis »
Râbi'a bint Ismâil al'Adawiya, *in* Eva de Vitray-Meyerovich, *Anthologie du soufisme*, © Actes Sud, 1978, p. 154.

« Mon Dieu m'est tout »
Jean Le Jau, *in* Terence Cave et Michel Jeanneret, *Métamorphoses spirituelles. Anthologie de la poésie religieuse française. 1570-1630*, José Corti, 1972, p. 197.

Ma joie !
Sainte Thérèse de Lisieux, « Ma Joie ! », in *Un cantique d'amour. Poésies*, Cerf, DDB, 1991, p. 208-210.

Psaume 83
La Bible, Psaume 83, nouvelle édition revue et corrigée par les moines de Maredsous, Brépols, 1968.

Je suis vôtre
Sainte Thérèse d'Avila, *Je suis vôtre*, trad. par Marcel Bouix, 1907.

De l'abandon intérieur pour se disposer à la perfection de l'amour divin
Jean-Joseph Surin, « De l'abandon intérieur pour se disposer à la perfection de l'amour divin ».

« Tout ce qui n'est pas vous est le néant »
Henri Fouques-Duparc, in *Les Plus Belles Prières*, textes choisis et présentés par Jean Guichard-Meili, Amiot Dumont, 1954.

V

L'Espoir en Dieu
Alfred de Musset, « L'espoir en Dieu », in *Les Plus Belles Prières, op. cit.*

Gâthâ dit : « Les questions au Seigneur »
Avesta, Gâthâ dit : « Les questions au Seigneur », *in* Gérard Chaliand, *Les Voix du sacré. Les plus beaux textes des religions disparues, op. cit.*

Pardonne-leur
Al-Hallaj, « Pardonne-leur », in *La Tradition islamique*, textes choisis et présentés par M. Lelong et S. Moharram, CLD, Chambray-lès-Tours, 1979.

« J'anéantis ma faible raison devant Ta justice »
Jean-Jacques Rousseau, *Œuvres complètes*, vol. IV, *Émile*, Gallimard, 1969, p. 592.

VI

« Où Te caches-Tu ? »
Toukârâm, *Psaumes du pèlerin*, *op. cit.*, p. 110.

Psaume 12
La Bible de Jérusalem, Psaume 12, Cerf, 1973.

« Si Vous parliez, Seigneur... »
Anna de Noailles, *Choix de poésie*, Grasset, 1930.

Si Tu ne peux venir.
Anonyme (Negro Spiritual), « Si Tu ne peux venir... », *in* Marguerite Yourcenar, *Fleuve profond, sombre rivière*, © Éditions Gallimard.

« Quand Tu gardes le silence »
Sören Kierkegaard, *in* Pierre Haiat, *Les Poètes de Dieu*, Éditions Philippe Lebaud, 1997.

VII

Chant funèbre
Prière rituelle, « Chant funèbre », *in* Alfonso di Nola, *La prière, op. cit.*

« Ne lésez pas notre temps de vie à mi-route ! »
Veda, *in* Louis Renou, *La Poésie religieuse de l'Inde antique, op. cit.*

Le vendredi saint
Joachim du Bellay, « Le vendredi saint », *in Anthologie religieuse des poètes français*, vol. I, 1500-1650, Le Fennec éditeur, 1994, p. 36.

Hymne de la Passion
Romanos le Mélode, « Hymne de la Passion » (extrait), trad. du grec par Ivan Gobry, professeur à l'université de Reims, dans son *Anthologie de la prière. Antiquité chrétienne*, Le Fennec, 1994.

« Ne Te suicide pas, Seigneur »
Alain Bosquet, *La Vie clandestine, Poèmes un*, (1945-1967), © Éditions Gallimard.

« Mon heure étant venue »
Pierre Teilhard de Chardin, *Réflexions et prières dans l'espace-temps*, *op. cit.*, p. 87-88.

« Abraham et la mort »
Ghazâli, *in Propos d'amour des mystiques musulmans*, choisis et traduits par René Khawam, Éditions Orante, 1960.

Cantique
Sainte Thérèse d'Avila, « Cantique », in *Œuvres de sainte Thérèse*, traduites sur les manuscrits originaux par Le P. Marcel Bouix, Librairie Victor Lecoffre, J. Cabalda et Cie, t. 3, 1907, p. 583.

VIII

La Prière de François Villon
Boulat Okoudjava, « La prière de François Villon », in *Poésie russe. Anthologie du* XVIIIe *au* XXe *siècle*, La Découverte/Maspero, 1983, p. 601.

« Par le secours de Ta miséricorde, Seigneur »
Prière liturgique orthodoxe.

Psaume 90
La Bible, Psaume 90, nouvelle édition revue et corrigée par les moines de Maredsous, *op. cit.*

« Bénis l'esprit brisé des souffrants »
Edith Stein, *La Puissance de la croix, Anthologie*, *op. cit.*

« Donne-leur par nos mains »
Mère Teresa, *in* Sylvie Reff et André Stern, *Soleil de prières. Anthologie de prières du monde entier pour tous les moments de la vie*, Albin Michel, 1989.

Prière d'un chef en faveur de l'ethnologue Routledge

Anonyme, « Prière d'un chef en faveur de l'ethnologue Routledge », *in* Alfonso di Nola, *La prière, op. cit.*

Notre Père

Évangile, « Notre Père », *in* Évangile selon saint Matthieu, VI, 9-13, Évangile selon saint Luc, XI, 2-4.

Au soleil

Veda, « Au soleil » (extrait), *in* Louis Renou, *Hymnes et prières du Veda, op. cit*

IX

Retour à Dieu

Pétrarque, « Retour à Dieu », in *Cent cinquante sonnets et huit morceaux complémentaires traduits des sonnets de Pétrarque*, typographie de Firmin-Didot frères, imprimeurs de l'Institut, 1847, p. 323.

« Ô mon Dieu, Vous m'avez blessé d'amour »

Paul Verlaine, *Poésies*, Éditions du Progrès, Moscou, 1977.

Le canon de repentir

Saint André de Crète, « Le Canon de repentir » (extrait), *in* Olivier Clément, *Le Chant des larmes, essai sur le repentir*, Desclée de Brouwer, 1982.

« Je regrette en pleurant... »

Philippe Desportes, in *Les Plus Belles Prières*, textes choisis et présentés par Jean Guichard-Meili, *op. cit.*

À AHURA MÂZDA « PAR TROIS FOIS JE ME REPENS... »
Zoroastre, « À Ahura Mâzda "Par trois fois je me repens..." », *in* Gérard Chaliand, *Les Voix du sacré, les plus beaux textes des religions disparues, op. cit.*

PARDONNE-MOI MES SILENCES
Anonyme, « Pardonne-moi mes silences », in *Nos cœurs te chantent.*

X

« LA VOIE DU SALUT »
Mikhaïl Lermontov in *Poésie russe. Anthologie du* XVIIIe *au* XXe *siècle, op. cit.*, p. 155.

PLAINTES D'UN CHRÉTIEN SUR LES CONTRARIÉTÉS QU'IL ÉPROUVE AU-DEDANS DE LUI-MÊME
Jean Racine, « Plaintes d'un chrétien sur les contrariétés qu'il éprouve au-dedans de lui-même ».

« SEIGNEUR, FAITES DE MOI UN INSTRUMENT DE VOTRE PAIX »
Saint François d'Assise, in *Les Plus Belles Prières, op. cit.*, p. 29. N.B. : Ce texte aurait été rédigé par un moine français pendant la Première Guerre, d'après les paroles de saint François d'Assise.

L'OISEAU ANNONCE LE JOUR
Prudence, « L'oiseau annonce le jour », trad. par Jean Racine *in* Daniel Rops. *Prières des premiers chrétiens*, Librairie Arthème Fayard, 1952, p. 296.

SEIGNEUR, NE ME LAISSE PAS DEVENIR VICTIME DE L'ORGUEIL
Aly Amin, « Seigneur, ne me laisse pas devenir victime de l'orgueil ».

« ACCORDE-MOI DE NE PAS CÉDER AU MAL »
Martin Luther, in *Cinquante-deux méditations et prières*, Librairie protestante, 1983.

« La prière du grand Carême »
Ephrem le Syrien, *in* Olivier Clément, *Trois prières*, Desclée de Brouwer, 1993.

« Mets-moi avec les humbles »
Syméon le Nouveau Théologien, in *Hymnes*, *op. cit.*, vol. III, p. 127.

« Accorde-moi une vie qui Te plaise »
Saint Thomas d'Aquin.

Donne-nous les yeux nouveaux pour Te découvrir
Saint François de Sales, « Donne-nous les yeux nouveaux pour Te découvrir ».

La prière de Socrate
Platon, « La prière de Socrate », in *Œuvres*, trad. par V. Cousin, t. 6, *Phèdre*, Pichon et Didier libraires, 1831, p. 134.

Prière du pèlerinage
Prière rituelle musulmane, « Prière du pèlerinage » (extrait), in *La Tradition islamique*, *op. cit.*

« Donne-moi Ta lumière »
Saint Tikhon de Zadonsk, *in* I. Kologrivof, *Essai sur la sainteté en Russie*, Beyaert, 1953, p. 363.

XI

« Seigneur, donne-moi le sens de l'humour »
Saint Thomas More.

Prière pour aller au paradis avec les ânes

Francis Jammes, « Prière pour aller au paradis avec les ânes », in *Le Deuil des primevères*, Mercure de France, 1907.

Prière du globe-trotteur

Robin de la Meuse, *Prière du globe-trotteur*, inédit.

XII

Cantique du soleil

Saint François d'Assise, « Cantique du soleil », in *Les Opuscules*, nouvelle trad. française, Ch. Poussielgue, 1905, p. 224.

La Fatiha. Sourate I

Coran, « La Fatiha. Sourate I ».

Le paradis d'Amitâbha

Anonyme, « Le paradis d'Amitâbha », *in* Alfonso di Nola, *La prière, op. cit.*

Hymne au soleil

Pharaon Aménophis IV, « Hymne au soleil », *in* Sylvie Reff et André Stern, *Soleil de prières. Anthologie de prières du monde entier pour tous les moments de la vie, op. cit.*, p. 60.

Comme Tu es bon, Amon

Anonyme, « Comme tu es bon, Amon », *in* Gérard Chaliand, *Les Voix du sacré, les plus beaux textes des religions disparues, op. cit.*

Tibi silentium laus

Hymne latin, « Tibi silentium laus », in *Cinq mille ans de prières, op. cit.*, p. 315.

Magnificat. Le cantique de Marie

« Magnificat. le cantique de Marie », *in* La Bible, Évangile selon saint Luc, I, 46-55, Fayard/Mame, 1981.

Sommo refectis artubus. Hymne du matin

Bréviaire français, « Sommo refectis artubus. Hymne du matin ».

Jubile au Seigneur

Gertrude d'Helfta, « Jubile au Seigneur », *in* sœur Geneviève, *Le Trésor de la prière à travers le temps*, Cerf, 1976.

« Seigneur, mon refuge et ma force »

La Bible, Les Rois, Livre deuxième, XXII, 2-7, Robert Laffont, 1990.

La messe sur le monde

Pierre Teilhard de Chardin, « La messe sur le monde » (extrait), in *Réflexions et prières dans l'espace-temps*, *op. cit.*

Au Créateur de l'homme

Anonyme, « Au Créateur de l'homme », *in* Alfonso di Nola, *La prière*, *op. cit.*

XIII

« Mille amoureux Te désirent »

Hâfez, *in* Eva de Vitray-Meyerovitch, *Anthologie du soufisme*, *op. cit.*, p. 109.

« Aimer jusque dans la souffrance »

Charles de Foucauld, in *Voyageur dans la nuit. Notes de spiritualité 1888-1916*, Nouvelle Cité, 1979, p. 56.

« Mon cœur t'aime »
Silouane, in *Écrits spirituels*, *op. cit.*, p. 29-30.

Mon médecin
Anonyme, « Mon médecin », *in Propos d'amour des mystiques musulmans*, choisis et présentés par René Khawam, Éditions Orante, 1960.

Supplications
Dhou'l-Noun Al-Misri, « Supplications », *in* René Khawam, *Propos d'amour des mystiques musulmans*, *op. cit.*

Poème spirituel
Hadewijch d'Anvers, « Poème spirituel », in *Écrits mystiques des Béguines*, traduction, présentation et notes par frère J.-B. P., © Éditions du Seuil, 1954, p. 87-88.

« Mon Dieu, daigne me donner le sentiment de Ta présence »
Charles de Foucauld, in *Cinq mille ans de prières*, *op. cit.*, p. 335.

Toi et moi
Bayezid Bestâmi, « Toi et Moi », in *Le Mémorial des saints*, Farid-ud-Diu'Attar, © Éditions du Seuil, 1976, p. 18.

« Ô mon bien-aimé »
Abou-bakr Al-Chibli, *in* René Khawam, *Propos d'amour des mystiques musulmans*, *op. cit.*

« Je suis toute à Vous »
Marie de l'Incarnation, in *Femmes mystiques. Époque moderne.* XVe-*XVIII*^{e} *siècle*, La Table ronde, coll. « Écrits spirituels de Tours », 1996.

MON CHANT D'AUJOURD'HUI
Sainte Thérèse de Lisieux, « Mon chant d'aujourd'hui », in *Un cantique d'amour. Poésies*, *op. cit.*, p. 57-58.

LE CANTIQUE DES CANTIQUES
La Bible de Jérusalem, « Le Cantique des cantiques », Cerf, 1994.

TABLE DES MATIÈRES

Photocomposition Nord Compo
59650 Villeneuve-d'Ascq

Cet ouvrage a été imprimé par la
SOCIÉTÉ NOUVELLE FIRMIN-DIDOT
(Mesnil-sur-l'Estrée)
pour le compte des Éditions Calmann-Lévy
en octobre 2000

Imprimé en France
Dépôt légal : octobre 2000
N° d'édition : 13055/05 - N° d'impression : 53029